入社 昇進을 대비한

입사 漢字 펜글씨교본

編者 金 泳 培

太乙出版社

머 리 말

　　바야흐로 문화권이 아메리카주에서 태평양 아시아주로 전이 되어 오고 있다. 아시아에는 세계시장 중에서 제일의 버금가는 중국 시장이 우리 곁에 가까이에 버티고 있다. 대 중국과의 교역, 한편으로는 일본을 능가하려는 민족의 열기가 그 어느 때 보다도 고조되어 있는데 우리의 것만을 고집하며 멀리 보려들지 않는 문자의 쇄국정책이 문화·경제의 쇄국정책과 무엇이 다르겠는가? 어느 나라 말은 공공연하게 받아드려지고 간과하지 말아야 할 한자는 왜 그리 아우성하며 배제하려드는지, 모르긴해도 영어 몇 마디 나불거리는 것은 유식하고 권위있다는 사람이 더러 있을 것이다. 그것은 이율배반적이라기보다 국수주의? 천만에 그것은 곧 대의를 아랑곳하지 않는 밥그릇 싸움은 아닐런지? 자기의 분야를 공고히만 하려는 것은 아닐런지? 그렇다면, 그것은 앞을 보지 못하는 사람보다 못한 자기 이기심일 뿐이다.

　　이 세계는 영어 문화권의 인구가 13억이라면 한자 문화권은 17억이나 된다고 한다. 우리는 한문 문화권에 속해 있다. 일본은 지금 총칼 대신 문화로 우리를 넘보고 있는 형국인데 우리는 그들을 잘 모른다. 개방 이전에 그들을 충분히 알 수 있었는데도 반도국가의 고질적인 '나만의 주장이 옳다' 는 양보 없는 탁상공론만을 일삼고 있었다. 이제 원치 않더라도 개방은 어쩔 수 없는 상황이고 한자와 일본어를 늦은 감은 있지만 지금부터라도 그들의 문화까지 능히 알수 있을 만큼 능력을 배양해야 할 때라고 사료된다. 그래서 한자학습이 그 어느 때보다도 활성화 되어야 하며 결코 간과해서는 안될 것이다.

　　우월과 졸렬은 기복이 있기 마련, 고로 모든 것을 개방하고 그들을 배우고 이기려는 분발하는 자세가 보다 미래지향적이며 내일의 발전을 도모하는 첩경일 것이다.

김 　영 　배 드림

차 례

漢字의 六書

아무리 많은 한자일지라도, 또 그모양이 아무리 복잡한 것일지라도 그것들 모두는 「육서(六書)」 즉, 다음 여섯 가지의 방법에 의해 만들어졌다.

여기서 육서(六書)란 상형·지사·회의·형성·전주·가차문자를 말하는데 그 내용은 다음과 같다.

1. 상형문자(象形文字) : 어떤 사물의 모양을 본떠서 만든 문자.
   • 日은 해(☀), 月은 달(🌙)을 본뜬 글자이다.
2. 지사문자(指事文字) : 형상으로 나타낼 수 없는 추상적인 생각이나 뜻을 선이나 점으로 표현한 문자.
   • 上은 위(⌣)를, 下는 아래(⌐)를 뜻함.
3. 회의문자(會意文字) : 이미 있는 둘 이상의 문자를 결합해서 새로운 뜻을 나타내는 문자.
   • 男 : 〔 田 + 力 〕→ 男으로 밭에서 힘쓰는 사람, 곧 '사내'를 뜻하는 문자 등을 말함.
4. 형성문자(形聲文字) : 이미 있는 문자를 결합해서 한 쪽은 뜻(형부)을, 한 쪽은 음(성부)를 나타내는 문자.
   • 淸 : 〔 氵(水) → 뜻+靑(청) → 음 〕→ 淸(청)으로 氵(水)는 '물'의 뜻을, 靑은 '청'이라는 음을 나타내어 '맑을 청'자가 됨.
5. 전주문자(轉注文字) : 이상 네 가지 문자의 본디 뜻을 바꾸어 새로운 뜻을 나타내는 문자.
   • 長 : 길다(장) → 어른(장), 惡 : 나쁘다(악) → 미워하다(오)
6. 가차문자(假借文字) : 전주문자는 뜻을 전용했지만 가차는 문자의 음을 빌려 쓰는 방법이다.(주로 외래어 표기에 이용된다.)
   • 亞細亞 — 아시아, 印度 — 인디아.

漢字의 起源과 變遷

1. 한자의 기원 : 한자는 언제부터 쓰여졌는지는 확실치 않으나 지금으로부터 3천 5백 년 전 중국 은나라 옛터에서 발견된 거북이의 등껍질과 뼈에 새겨진 이른바 갑골문자가 한자의 기원이 아닌가하는 학설이 지배적이다. 이러한 한자는 황제(皇帝) 때 사관(史官) 이었던 창힐이 처음 만들었다고 전해지는데 혼자 만들었다기보다는 그 당시 사용되던 문 자를 최초로 정리했다고 보아야 정확할 것이다. 그후 진시황이 중국을 최초로 통일하고 이사(李斯)를 시켜 문자를 체계화, 집대성함으로써 한자는 더욱 발전을 하게 되었다.

2. 한자의 변천 : 한자의 최초 형태인 갑골문자는 물체의 형상을 본떠서 만든 것으로써 「금문 → 전서 → 예서」를 거쳐서 오늘날의 해서체(정자체)로 변천되어 왔다.

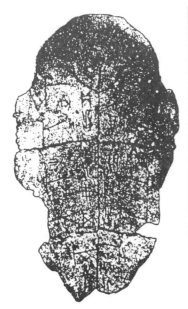

갑골문자

갑골문	금 문	전 서	예 서	해 서
				日
				月
				雨
				母
				馬
				車
				申

3. 한자의 자수 : 한자는 뜻글자이므로 한가지 사물마다 그것을 나타내는 글자가 있어 야 한다. 초기에는 글자 수가 그리 많지는 않았으나, 문명이 열리고 발달을 하면서 한자 역시 자꾸 만들어져 1716년에 중국에서 편찬한 「강희자전」에 보면 대략 5만자가 수록되 었고 그 후에도 한자 수는 더욱 늘어났다.

일 러 두 기

■ 집필법

　○볼펜을 잡을 때 볼펜심 끝으로부터 3㎝가량 위로 인지(人指)를 얹고 엄지를 가볍게 둘러대는데 이때 종이바닥면에서 50°∼ 60° 정도로 경사지게 잡는 것이 가장 좋은 자세입니다. 단, 손의 크기 또 볼펜의 종류나 폭의 굵기에 따라 개인 차는 있을 수 있습니다.

　한자(漢字)에는 해서체(楷書體)·행서체(行書體)·초서체(草書體)가 있고 한글에는 각각 개개의 특유 한글체가 있으나 정자체와 흘림체로 대별하여 설명하자면 각기 그 나름대로 완급(緩急)의 차이가 있으나 해서체나 작은 글씨일수록 각도가 크고 행서·초서·흘림체나 큰 글씨일수록 경사 각도를 낮게하여 50° 이하로 잡습니다. 50°의 각도는 손 끝에 힘이 적게 드는 각도인데, 평소 볼펜이나 플러스펜을 쓸 때 정확히 쓰자면 50°∼ 60°의 경사 각도로 볼펜을 잡는 것이 가장 운필하기에 알맞을 자세라고 할 수 있습니다.

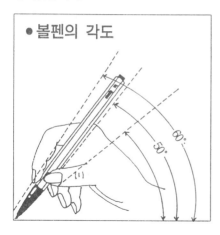

●볼펜의 각도

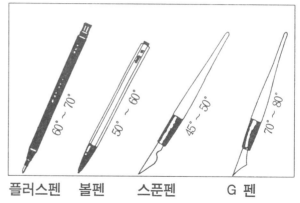

플러스펜　　볼펜　　스푼펜　　　G 펜

■ 볼펜과 이외의 용구

　○볼펜이나 플러스펜은 현대에서의 보편적이고 합리적인 필기로써 일반적으로 쓰여지고 있습니다. 이외의 것으로 스푼펜을 비롯하여 챠드글씨용의 G펜, 제도용의 활콘펜 등이 있으나 스푼펜은 글씨 연습용으로 가장 적합한 필기구이지만 현실적으로 실용적이라 할 수 없어 볼펜이나 플러스펜으로 연습하려면 지면과의 각도를 크게 그리고 가급적 높게 잡아 쓰는 버릇이 효과를 가져오는데 절대적인 방법일 수밖에 없습니다.

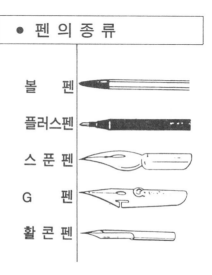

● 펜 의 종 류

볼 펜
플러스펜
스 푼 펜
G 펜
활 콘 펜

漢字의 一般的인 筆順

1　위에서 아래로

위를 먼저 쓰고 아래는 나중에

一　二　三，　一　丁　工

2　왼쪽서 오른쪽으로

왼쪽을 먼저, 오른쪽을 나중에

丿　川　川，　丿　亻　仁　代　代

3　밖에서 안으로

둘러싼 밖을 먼저, 안을 나중에

丨　冂　月　日，　丨　冂　m　m　田

4　안에서 밖으로

내려긋는 획을 먼저, 삐침을 나중에

丿　小　小，　一　二　亍　示

5　왼쪽 삐침을 먼저

① 左右에 삐침이 있을 경우

丿　小　小，　一　十　耂　走　赤

② 삐침사이에 세로획이 없는 경우

丿　尸　尸　尺，　亠　㐄　六

6　세로획을 나중에

위에서 아래로 내려긋는 획을 나중에

丨　冂　曰　中，　丨　冂　日　日　甲

7　가로 꿰뚫는 획은 나중에

가로획을 나중에 쓰는 경우

乀　女　女，　㇇　了　子

8　오른쪽 위의 점은 나중에

오른쪽 위의 점을 맨 나중에 찍음

一　ナ　大　犬，　一　二　干　王　式　式

9　책받침은 맨 나중에

丿　厂　斤　斤　沂　近　近

丷　丷　半　芉　关　关　送　送

10　가로획을 먼저

가로획과 세로획이 교차하는 경우

一　十　古　古　古，　一　十　走　声　志

一　十　步　支，　一　十　土

一　二　丰　才　末，　一　十　卄　卅　共

11　세로획을 먼저

① 세로획을 먼저 쓰는 경우

丨　冂　巾　由　由，　丨　冂　m　田　田

② 둘러쌓여 있지 않는 경우는 가로획을 먼저 쓴다.

一　丁　干　王，　丶　亠　十　丰　主

12　가로획과 왼쪽 삐침

① 가로획을 먼저 쓰는 경우

一　ナ　ナ　左　左，　一　ナ　右　右　在　在

② 위에서 아래로 삐침을 먼저 쓰는 경우

丿　ナ　ナ　右　右，　丿　ナ　ナ　有　有　有

♣ 여기에서의 漢字 筆順은 外의 것들도 많지만 대개 一般的으로 널리 쓰여지는 것임.

한자의 기본 획

◎ 기본이 되는 점과 획을 충분히 연습한 다음 본문의 글자를 쓰십시오.

上	一	一							
工	二	二							
王	三	三							
少	ノ	ノ							
大	ノ	ノ							
女	く	く							
人	へ	へ							
寸	｣	｣							
下	｜	｜							
中	｜	｜							
目	｢	｢							
句	ｱ	ｱ							
子	ｱ	ｱ							

京	丶	丶							
永	丶	丶							
小	八	八							
火	丷	丷							
千	丿	丿							
江	氵	氵							
無	灬	灬							
起	走	走							
建	廴	廴							
近	辶	辶							
成	乀	乀							
毛	乚	乚							
室	宀	宀							
風	乁	乁							

必須故事成語選

必須故事成語選

第 一 篇

필수고사성어

重要結構

家給人足	苛斂誅求	刻骨難忘
가급인족 : 집집마다 살림이 넉넉하고 사람마다 의식에 부족함이 없음.	가렴주구 : 조세 등을 가혹하게 징수하고 강제로 청구하여 국민을 괴롭히는 일	각골난망 : 은혜를 마음속 깊이 새겨 잊지 않음.

家	給	人	足	苛	斂	誅	求	刻	骨	難	忘
집 가	줄 급	사람 인	발 족	가혹할 가	거둘 렴	벨 주	구할 구	새길 각	뼈 골	어려울 난	잊을 망

오늘의 世界名言

♡ 인간은 동물과 초인간과의 사이에 이어진 하나의 줄이다. 건너가는 것도 위험하고, 도상에 있는 것도 위험하고, 몸부림치는 것도 위험하고, 그대로 서있는 것도 또한 위험하다.
F.W 니체:독일·시인·철학자

重要結構

各自圖生	肝膽相照	甘言利說
각자도생:제각기 다른 자기생활을 도모함.	간담상조:간과 담이 훤히 비춤. 곧 서로 마음을 터놓고 사귄다는 말.	감언이설:남에게 비위를 맞혀 달콤한 말로 이로운 조건을 거짓으로 붙여 꾀는 말.

各	自	圖	生	肝	膽	相	照	甘	言	利	說
각각 각	스스로 자	그림 도	날 생	간 간	쓸개 담	서로 상	비출 조	달 감	말씀 언	이로울 리	말씀 설

오늘의 世界名言

♡ 인간은 자연중에서 가장 약한 한 그루의 갈대다. 그러나 그것은 생각하는 갈대다.

　파스칼 : 프랑스·수학자 철학자

重要結構

필수고사성어

改過遷善	開門納賊	蓋世之才
개과천선: 잘못된 점이나 과오를 뉘우치며 고치어 착하게 됨.	개문납적:문을 열어 놓고 도둑을 맞는다는 말로, 제 스스로 화를 만듦을 이르는 말.	개세지재: 세상을 수월히 다스릴만 한 뛰어난 재기(才氣).

改	過	遷	善	開	門	納	賊	蓋	世	之	才
고칠 개	지날 과	옮길 천	착할 선	열 개	문 문	드릴 납	도둑 적	덮을 개	인간 세	갈 지	재주 재

重要結構

필수고사성어

乾坤一擲	牽強附會	見利思義
건곤일척：운명과 흥망을 걸고 한 판으로 승부나 성패를 겨룸.	견강부회：이론이나 이유 등을 자기쪽이 유리하도록 끌어 붙임.	견리사의：눈앞에 이익이 보일 때만 의리를 생각하는 것.

乾坤一擲	牽強附會	見利思義

하늘 건	땅 곤	한 일	던질 척	끌 견	굳셀 강	붙을 부	모을 회	볼 견	이로울 리	생각 사	옳을 의

오늘의 世界名言

♡ 사람을 불안하게 하는 것은 사물 그 자체가 아니라 사물에 대한 사람의 생각이다.

- 에펙테토스 : 로마 · 철학자

重要結構

필수고사성어

犬馬之勞	見蚊拔劍	見物生心
견마지로：나라에 충성을 다하여 애쓰고 노력함을 이르는 말.	견문발검：모기를 보고 칼을 뺌. 곧 작은 일에 안절부절함을 비유한 말.	견물생심：물건을 보고 욕심이 생김.

犬馬之勞　見蚊拔劍　見物生心

개 견	말 마	갈 지	수고할 로	볼 견	모기 문	뺄 발	칼 검	볼 견	만물 물	날 생	마음 심

重要結構

필수고사성어

見危授命	結草報恩	謙讓之德
견위수명 : 재물이나 나라가 위태로울때 목숨을 아끼지 않고 나라를 위하여 싸움.	결초보은 : 죽어서 혼령이 되어도 그 은혜를 잊지 않고 갚는다는 말.	겸양지덕 : 겸손하고 사양하는 아름다운 덕성.

見危授命　結草報恩　謙讓之德

볼 견	위태할 위	줄 수	목숨 명	맺을 결	풀 초	갚을 보	은혜 은	겸손할 겸	사양할 양	갈 지	큰 덕

重要結構

敬

필수고사성어

輕擧妄動	傾國之色	敬而遠之
경거망동 : 경솔하고 망녕된 행동.	경국지색 : 군왕이 혹하여 나라가 뒤집혀도 모를 미인. 나라 안에 으뜸가는 미인.(비)傾城之美(경성지미)	경이원지 : 겉으로는 공경하나 속으로는 멀리함. 존경하기는 하되 가까이하지는 아니 함. (준)敬遠(경원)

輕	擧	妄	動	傾	國	之	色	敬	而	遠	之
가벼울 경	들 거	망녕될 망	움직일 동	기울 경	나라 국	갈 지	빛 색	공경할 경	말이을 이	멀 원	갈 지

輕	擧	妄	動	傾	國	之	色	敬	而	遠	之

必須故事成語選

重要結構

軍

필수고사성어

鷄口牛後	鷄卵有骨	孤軍奮鬪
계구우후:닭의 부리와 소의 꼬리라는 말로, 큰 단체의 꼴찌보다는 작은 단체의 우두머리가 되라는 뜻.	계란유골:달걀에도 뼈가 있다는 뜻으로, 공교롭게 일에 방해됨을 이르는 말.	고군분투:약한 힘으로 누구의 도움도 없이 힘에 겨운 일을 해나감.

닭 계	입 구	소 우	뒤 후	닭 계	알 란	있을유	뼈 골	외로울고	군사 군	떨칠 분	싸울 투
鷄	口	牛	後	鷄	卵	有	骨	孤	軍	奮	鬪

오늘의 世界名言

♡ 나는 절대적이란 말을 싫어한다. 절대적이란 것은 존재하지 않는다. 도덕율이 언제나 변화하고 있는 것처럼.
러셀 : 영국 · 철학자 · 평론가

重要結構

鼓腹擊壤	孤掌難鳴	苦盡甘來
고복격양 : 입을 옷과 먹을 것이 풍부하여 안락하게 태평세월을 즐김을 뜻함.	고장난명 : 「외손뼉이 우랴」라는 뜻으로 혼자힘으로는 일이 잘 안됨을 비유하는 말.	고진감래 : 쓴 것이 다하면 단것이 온다는 고사로써 곧 고생이 끝나면 영화가 온다는 말. (반)興盡悲來(흥진비래)

鼓	腹	擊	壤	孤	掌	難	鳴	苦	盡	甘	來
북 고	배 복	칠 격	흙 양	외로울 고	손바닥 장	어려울 난	울 명	괴로울 고	다할 진	달 감	올 래

重要結構

필수고사성어

骨肉相爭	公卿大夫	誇大妄想
골육상쟁 : 뼈와 살이 서로 싸운다는 말로 동족끼리 서로 싸움을 비유함.	공경대부 : 삼공(三公)과 구경(九卿) 등 벼슬이 높은 사람들.	과대망상 : 무리하게 과장된 것을 믿는 허황이 많은 사람들.

骨	肉	相	爭	公	卿	大	夫	誇	大	妄	想
뼈 골	고기 육	서로 상	다툴 쟁	공평할 공	벼슬 경	큰 대	지아비 부	자랑할 과	큰 대	망녕될 망	생각할 상

필수고사성어

重要結構

過猶不及	巧言令色	教學相長
과유불급:어떤 사물이 정도를 지나침은 도리어 미치지 못한 것과 같다는 말.	교언영색:남의 환심(歡心)을 사기 위하여 아첨하는 교묘한 말과 보기 좋게 꾸미는 얼굴 빛.	교학상장:가르쳐 주거나 배우거나 모두 나의 학업을 증진시킨다는 말.

過	猶	不	及	巧	言	令	色	教	學	相	長
지날 과	오히려 유	아닐 불	미칠 급	교묘할 교	말씀 언	명령할 명	빛 색	가르칠 교	배울 학	서로 상	길 장

오늘의 世界名言

♡ 인생에 있어서 가장 큰 기쁨은 세상 사람들이 「불가능」이라고 말하는 그 일을 성취시키는 것이다.
월터 배죠트 : 독일 · 평론가

重要結構 蜜

救國干城	口蜜腹劍	口尚乳臭
구국간성 : 나라를 위기에서 구하고 지키려는 믿음직한 군인이나 인물.	구밀복검 : 입에는 꿀, 뱃속에는 칼이라는 뜻으로 말은 정답게 하나 속으로는 해칠 생각이 있음.	구상유취 : 입에서 아직 젖내가 난다는 뜻으로, 언어와 행동이 매우 어리고 유치함을 일컬음.

救國干城				口蜜腹劍				口尚乳臭			
구원할 구	나라 국	방패 간	재 성	입 구	꿀 밀	배 복	칼 검	입 구	오히려 상	젖 유	냄새 취

重要結構

필수고사성어

九牛一毛	九折羊腸	群鷄一鶴
구우일모:아홉마리의 소에 한 가닥의 털이란 뜻으로, 썩많은 가운데의 극히 적은 것을 비유하는 말.	구절양장:세상일이 매우 복잡하여 살아가기가 어려움을 비유하는 말.	군계일학:많은 닭 중에서 한 마리 학이라는 뜻으로 곧 많은 사람 중 가장 뛰어난 인물을 말함.

九	牛	一	毛	九	折	羊	腸	群	鷄	一	鶴
아홉 구	소 우	한 일	털 모	아홉 구	꺾을 절	양 양	창자 장	무리 군	닭 계	한 일	두루미 학

重要結構

필수고사성어

軍令泰山	群雄割據	權謀術數
군령태산 : 군대의 명령은 태산같이 무거움.	군웅할거 : 많은 영웅들이 지역을 갈라서 자리잡고 서로의 세력을 다툼.	권모술수 : 그때 그때의 상황에 따라 변통성 있게 둘러 맞추는 모략이나 수단.

軍	令	泰	山	群	雄	割	據	權	謀	術	數
군사 군	명령할 령	클 태	뫼 산	무리 군	수컷 웅	나눌 할	의거할 거	권세 권	꾀할 모	재주 술	셈 수

重要結構

필수고사성어

勸善懲惡	捲土重來	近墨者黑
권선징악 : 착한 행실을 권장하고 나쁜 행실을 징계함.	권토중래 : 한번 패하였다가 세력을 회복하여 다시 쳐 들어옴.	근묵자흑 : 먹을 가까이하면 검어진다는 고사로, 악한 이에게 가까이 하면 악에 물들기 쉽다는 말.

勸	善	懲	惡	捲	土	重	來	近	墨	者	黑
권할 권	착할 선	징계할 징	악할 악	걷을 권	흙 토	무거울 중	올 래	가까울 근	먹 묵	놈 자	검을 흑

(빈 연습칸)

勸	善	懲	惡	捲	土	重	来	近	墨	者	黑

必 須 故 事 成 語 選

重要結構

錦

오늘의 世界名言

♡ 노동은 인생을 감미롭게 한다. 노동을 미워하는 자는 고뇌를 맛본다.

웰헤름 브르만 : 독일 · 철학가

필수고사성어

金科玉條	錦上添花	今昔之感
금과옥조 : 아주 귀중한 법칙이나 규범.	금상첨화 : 비단 위에 꽃을 더함. 곧 좋은 일에 더 좋은 일이 겹침. (반) 雪上加霜(설상가상)	금석지감 : 지금과 예전을 비교하여 받는 느낌.

金	科	玉	條	錦	上	添	花	今	昔	之	感
쇠 금	과목 과	구슬 옥	가지 조	비단 금	위 상	더할 첨	꽃 화	이제 금	옛 석	갈 지	느낄 감

重要結構

필수고사성어

金石之交	金城鐵壁	錦衣還鄉
금석지교:쇠나 돌과 같이 굳은 교제.	금성철벽:경비가 매우 견고한 성벽.	금의환향:타지에서 성공하여 자기 고향으로 돌아감.

金	石	之	交	金	城	鐵	壁	錦	衣	還	鄉
쇠 금	돌 석	갈 지	사귈 교	쇠 금	재 성	쇠 철	벽 벽	비단 금	옷 의	돌아올 환	시골 향

重要結構

葉

필수고사성어

金枝玉葉	奇岩怪石	南柯一夢
금지옥엽:귀엽게 키우는 보물 같은 자식.	기암괴석:기이하고 괴상하게 생긴 바위와 돌들.	남가일몽:❶깨고 나서 섭섭한 허황된 꿈. ❷ 덧없이 지나간 한때의 헛된 부귀나 행복.

金	枝	玉	葉	奇	岩	怪	石	南	柯	一	夢
쇠 금	가지 지	구슬 옥	잎 엽	기이할 기	바위 암	괴이할 괴	돌 석	남녘 남	가지 가	한 일	꿈 몽

필수고사성어

오늘의 世界名言

♡ 편안하게 자유를 누리며 살고 싶으면 불필요한 사치물을 자기 주변에서 없애 버려라.

톨스토이 : 러시아·작가

重要結構

芳

囊中之錐	勞心焦思	綠陰芳草
낭중지추 : 재능(才能)이 뛰어난 사람은 많은 사람 중에 섞여 있을 지라도 눈에 드러난다는 말.	노심초사 : 마음으로 애를 쓰며 안절부절 속을 태움.	녹음방초 : 푸르른 나무들의 그늘과 꽃다운 풀, 곧 여름의 자연 경관.

囊	中	之	錐	勞	心	焦	思	綠	陰	芳	草
주머니 낭	가운데 중	갈 지	송곳 추	수고할 로	마음 심	그을릴 초	생각 사	푸를 녹	그늘 음	꽃다울 방	풀 초

오늘의 世界名言

♡ 눈에 보이지 않는 술의 정(精)이여! 너에게 아직 이름이 없다면 앞으로 너를 악마라고 부를테다.
세익스피어 : 영국·시인 극작가

論功行賞	弄假成眞	累卵之勢
논공행상 : 어떤 업적 따위를 세운 만큼 그 공을 논정(論定)하여 상을 줌.	농가성진 : 장난삼아 한 것이 참으로 사실이 됨. (동) 假弄成眞(가롱성진).	누란지세 : 쌓여 있는 알처럼 매우 위태로운형세.

論功行賞				弄假成眞				累卵之勢			
논의할 론	공 공	행할 행	상줄 상	회롱할 롱	거짓 가	이룰 성	참 진	여러 루	알 란	갈 지	기세 세

필수고사성어

오늘의 世界名言

♡ 인간이 세상에 존재하는 것은 부자가 되기 위해서가 아니라 행복하게 되기 위해서이다.
　　스탕달 : 프랑스·소설가

重要結構

多岐亡羊	單刀直入	丹脣皓齒
다기망양 : 학문의 길이 여러 갈래로 퍼져있으면 진리를 얻기 어려움. 방침이 너무 많으면 도리어 갈 바를 모름.	단도직입 : 너절한 서두를 생략하고 요점이나 본문제를 말함.	단순호치 : 붉은 입술과 하얀 이. 곧 아름다운 여자의 얼굴을 말함.

多	岐	亡	羊	單	刀	直	入	丹	脣	皓	齒
많을 다	나눌 기	망할 망	양 양	홀로 단	칼 도	곧을 직	들 입	붉을 단	입술 순	밝을 호	이 치

오늘의 世界名言

♡ 인간의 가치는 사람이 소유하고 있는 진리에 의해 판단되는 것이 아니라 진리를 파악하기 위해 그 사람이 겪은 고통에 의해서만 측정된다.

　　레싱 : 독일·극작가

필수고사성어

大器晚成	大義名分	獨不將軍
대기만성 : 크게 될 사람은 늦게 이루어진다는 뜻으로 이르는 말.	대의명분 : 모름지기 지켜야 할 큰 명리와 직분.	독불장군 : 홀로 목적을 달성하려는 외로운 사람. 혼자서는 장군이 못 된다는 뜻. 남과 협조하여야 한다는 말.

大	器	晚	成	大	義	名	分	獨	不	將	軍
큰 대	그릇 기	늦을 만	이룰 성	큰 대	옳을 의	이름 명	나눌 분	홀로 독	아닐 불	장수 장	군사 군

重要結構

필수고사성어

同價紅裳

동가홍상 : 이왕이면 다홍치마라는 말로, 곧 같은 값이면 좋은 것을 가진다는 뜻.

同苦同樂

동고동락 : 고통과 즐거움을 함께 함.

東問西答

동문서답 : 묻는 말에 아주 딴판인 엉뚱한 대답.

한가지 동	값 가	붉을 홍	치마 상	한가지 동	괴로울 고	한가지 동	즐길 락	동녘 동	물을 문	서녘 서	대답할 답
同	價	紅	裳	同	苦	同	樂	東	問	西	答

重要結構

필수고사성어

同病相憐	同床異夢	東征西伐
동병상련 : 같은 병을 앓는 사람끼리 서로 가엾게 여김. 처지가 비슷한 사람끼리서로 도우며 위로하는 것.	동상이몽 : 같은 잠자리에서 다른 꿈을 꾼다는 말. 곧 겉으로는행동이 같으면서 속으로는딴 생각을 가진다는 뜻.	동정서벌 : 전쟁을 하여 여러 나라를 이곳 저곳 정벌(征伐)함.

同	病	相	憐	同	床	異	夢	東	征	西	伐
한가지 동	병들 병	서로 상	불쌍할 련	한가지 동	평상 상	다를 이	꿈 몽	동녘 동	칠 정	서녘 서	칠 벌

오늘의 世界名言

♡ 남자는 시시하게 짧게 자주 사랑하고, 여자는 길고 드물게 사랑한다.
바스타 : 독일·민족학자

杜門不出	得不補失	燈下不明
두문불출 : 집안에서만 있고 밖에는 나가지 않음.	득불보실 : 얻은 것으로 이미 잃은 것을 채우지 못한다는 말.	등하불명 : 등잔 밑이 어둡다는 뜻으로, 가까이 있는 것을 도리어 알아내기 어렵다는 말.

杜門不出	得不補失	燈下不明

막을 두	문 문	아닐 불	날 출	얻을 득	아니 불	기울 보	잃을 실	등잔 등	아래 하	아닐 불	밝을 명

重要結構

필수고사성어

燈火可親	馬耳東風	莫逆之友
등화가친 : 가을밤은 서늘하여 등불을 가까이 두고 글 읽기에 좋다는 말.	마이동풍 : 남의 말을 귀담아 듣지 않고 무관심하게 흘러 버림을 뜻함.	막역지우 : 뜻이 서로 맞는 매우 가까운 벗.

燈	火	可	親	馬	耳	東	風	莫	逆	之	友
등잔 등	불 화	옳을 가	친할 친	말 마	귀 이	동녘 동	바람 풍	아닐 막	거스를 역	갈 지	벗 우

오늘의 世界名言

♡ 사랑이란 무엇이냐고 너는 묻는다. 떠오르는 안개 속의 별이다.

하이네 : 독일 · 시인

重要結構

萬卷讀破	萬端說話	萬事休矣
만권독파 : 만권이나 되는 책을 다 읽음을 뜻하는 말로, 곧 많은 책을 처음부터 끝까지 다 읽어 냄.	만단설화 : 이 세상의 모든 온갖 이야기.	만사휴의 : 모든 방법이 헛되게 됨.

萬	卷	讀	破	萬	端	說	話	萬	事	休	矣
일만 만	책 권	읽을 독	깨트릴 파	일만 만	끝 단	말씀 설	말씀 화	일만 만	일 사	쉴 휴	어조사 의

오늘의 世界名言

♡ 사랑은 인간에게 몰아(沒我)를 가르친다. 따라서 사랑은 인간을 괴로움에서 구한다.

　톨스토이 : 러시아 · 작가

重要結構

滿

필수고사성어

滿山遍野	滿山紅葉	滿身瘡痍
만산편야:산과 들이 가득 차서 뒤덮여 있음.	만산홍엽:단풍이 들어 가득차 온 산이 붉은 잎으로 뒤덮임.	만신창이:①온 몸이 상처투성이가 됨. ②사물이 성한 데가 없을 만큼 결함이 많음.

滿山遍野　滿山紅葉　滿身瘡痍

찰 만	뫼 산	두루 편	들 야	찰 만	뫼 산	붉을 홍	잎 엽	찰 만	몸 신	부스럼 창	상처 이

필수고사성어

重要結構

罔極之恩	望洋之歎	面從腹背
망극지은:죽을 때까지 다할 수 없는 임금이나 부모의 크나큰 은혜.	망양지탄 : 바다를 바라보고 하는 탄식. 곧 힘이 미치지 못하여 하는 탄식.	면종복배 : 겉으로는따르는 척하나 마음 속으로는 싫어함.

罔極之恩				望洋之歎				面從腹背			
없을 망	다할 극	갈 지	은혜 은	바랄 망	큰바다 양	갈 지	탄식할 탄	낯 면	좇을 종	배 복	등 배

重要結構

필수고사성어

明鏡止水	名實相符	明若觀火
명경지수 : ①맑은 거울과 잔잔한 마음. ②잡념이 없이 아주 맑고 깨끗한 마음.	명실상부 : 명명함과 실상이 서로 들어 맞음. (반) 名實相反(명실상반)	

明	鏡	止	水	名	實	相	符	明	若	觀	火
밝을 명	거울 경	그칠 지	물 수	이름 명	열매 실	서로 상	부신 부	밝을 명	같을 약	볼 관	불 화
17二l7三	鈝鏡儿	1-l一	1]フ乀	ノ入口	宀l写	一l人l下	竹竹丶	17二l7三	丩亠入口	鈝作觀	丷l丿乀

明	鏡	止	水	名	實	相	符	明	若	觀	火

오늘의 世界名言

♡ 사랑은 죽음보다 죽음의 공포보다도 강하다. 그 사랑으로써만 인생은 유지되고 진보하게 된다.
투르게네프 : 러시아 · 소설가

重要結構

필수고사성어

目 不 忍 見	武 陵 桃 源	無 不 通 知
목불인견 : 딱하고 가엾어 차마 눈으로 볼 수 없음. 또는 그러한 참상.	무릉도원 : 조용히 행복하게 살 수 있는 곳을 비유하여 이른 말. 선경 (仙境).	무불통지 : 어떤 분야에 정통하여 모르는 것이 없음.

目	不	忍	見	武	陵	桃	源	無	不	通	知
눈 목	아닐 불	참을 인	볼 견	호반 무	언덕 릉	복숭아 도	근원 원	없을 무	아닐 불	통할 통	알 지

오늘의 世界名言

♡ 연애란 열병 같아서 의지(意志)와는 상관없이 생기고 사라진다. 결국 연애는 나이와 상관없다.
　스탕달 : 프랑스·소설가

重要結構

無所不能	無爲徒食	聞一知十
무소불능 : 가능하지 않은 것이 없음.	무위도식 : 하는 일 없이 먹고 놀기만 함.	문일지십 : 한 마디를 듣고 열 가지를 미루어 앎. 곧 총명하고 지혜로움을 이르는 말.

無	所	不	能	無	爲	徒	食	聞	一	知	十
없을 무	바 소	아닐 불	능할 능	없을 무	위할 위	무리 도	밥 식	들을 문	한 일	알 지	열 십

無所不能　無爲徒食　聞一知十

오늘의 世界名言

♡ 진실한 사랑은 유령과 같다. 누구나 그것에 대해 말하지만 그것을 본 사람은 없다.

라 로슈푸코 : 프랑스·모랄리스트

重要結構

필수고사성어

尾生之信	美風良俗	拍掌大笑
미생지신 : 융통성 없이 약속만을 굳게 지킴을 이르는 말.	미풍양속 : 아름답고 좋은 풍속.	박장대소 : 손바닥을 치며 극성스럽게 웃는 웃음.

尾	生	之	信	美	風	良	俗	拍	掌	大	笑
꼬리 미	날 생	갈 지	믿을 신	아름다울 미	바람 풍	어질 량	풍속 속	손뼉칠 박	손바닥 장	큰 대	웃을 소

重要結構

필수고사성어

反目嫉視	半信半疑	拔本塞源
반목질시:눈을 흘기면서 밉게 봄.	반신반의 : 반은 믿고 반은 의심함.	발본색원 : 폐단의 근원을 찾아 뽑아 버림.

反	目	嫉	視	半	信	半	疑	拔	本	塞	源
돌이킬 반	눈 목	투기할 질	볼 시	반 반	믿을 신	반 반	의심할 의	뺄 발	근본 본	막을 색	근본 원

오늘의 世界名言

♡ 사랑은 열려 있는 마음 뿐 아니라, 굳게 닫쳐 있는 마음에서도 입구를 찾아낸다.

F·베이콘 : 영국·철학자

重要結構

필수 고사 성어

白骨難忘	百年佳約	百年大計
백골난망：죽어서 백골이 되어도 은혜를 잊을 수 없다는 뜻으로 남의 은혜에 깊이 감사하는 말.	백년가약：남녀가 부부가 되어 평생을 함께 하겠다는 아름다운 언약 (言約). (동) 百年佳期(백년가기).	백년대계：먼 훗날까지 고려한 큰 계획

白	骨	難	忘	百	年	佳	約	百	年	大	計
흰 백	뼈 골	어려울 난	잊을 망	일백 백	해 년	아름다울 가	맺을 약	일백 백	해 년	큰 대	셈할 계

重要結構

필수고사성어

百年河清	百年偕老	百事大吉
백년하청 : 중국의 황하(黃河)가 항상 흐리다는 뜻으로, 아무리 오래되어도 이루어지기 어려움을 일컫는 말.	백년해로 : 부부가 되어 화락하게 일생을 함께 늙음.	백사대길 : 모든 만사가 길함.

百	年	河	清	百	年	偕	老	百	事	大	吉
일백 백	해 년	물 하	맑을 청	일백 백	해 년	함께 해	늙을 로	일백 백	일 사	큰 대	길할 길

오늘의 世界名言

♡ 사랑은 진실을 고백했을 때 깨어지는 수가 있고, 우정은 거짓을 말했을 때 깨어진다.
　보나르 : 프랑스 · 화가

必須故事成語選

重要結構

衣

白衣從軍	百折不屈	百尺竿頭
백의종군 : 벼슬함이 없이, 또는 군인이 아니면서, 군대를 따라 전쟁에 나감.	백절불굴 : 백번을 꺾어도 굽히지 않음. 곧 많은 고난을 극복하여 이겨 나감.	백척간두 : 높은 장대 끝에 섰다는 말로, 대단히 위태로운 상황에 빠짐을 비유함.

白	衣	從	軍	百	折	不	屈	百	尺	竿	頭
흰 백	옷 의	좇을 종	군사 군	일백 백	꺾을 절	아닐 불	굽을 굴	일백 백	자 척	장대 간	머리 두

重要結構

粉

필수고사성어

父傳子傳	附和雷同	粉骨碎身
부전자전 : 대대로 아버지가 아들에게 전함.	부화뇌동 : 남이 하는 대로 따라 행동 함.	분골쇄신 : 뼈는 가루가 되고 몸은 산산조각이 됨. 곧 목숨을 다해 애쓸을 이르는 말.

父	傳	子	傳	附	和	雷	同	粉	骨	碎	身
아비 부	전할 전	아들 자	전할 전	붙을 부	화할 화	우뢰 뢰	한가지 동	가루 분	뼈 골	부서질 쇄	몸 신

오늘의 世界名言

♡ 우정에 있어서의 법칙은 의심이 앞문으로 들어오면 애정은 뒷문으로 달아난다는 것이다.
칸보아모르 : 소련 · 소설가

重要結構

不顧廉恥	不問可知	不問曲直
불고염치 : 부끄러움과 치욕을 생각하지 않음.	불문가지 : 묻지 않아도 능히 알 수 있음.	불문곡직 : 일의 옳고 그름을 묻지 아니하고 곧바로 행동이나 말로 들어감.
不顧廉恥	不問可知	不問曲直

아닐 불	돌아볼 고	청렴할 렴	부끄러울 치	아닐 불	물을 문	옳을 가	알 지	아닐 불	물을 문	굽을 곡	곧을 직
一小	雇頁	广兼	耳心	一小	門口	口丁	上人口	一小	門口	曲	一加旦
不顧廉恥	不門可知	不門曲直									

오늘의 世界名言

♡ 생명은 죽음의 시초이며,
생명은 죽음을 위하여 있다.
죽음은 종말이자 시초이고,
분리된 것이면서 동시에 한층
더 긴밀한 자기 결합이다.
　노발리스 : 독일 · 시인

重要結構

필수고사성어

鵬程萬里	飛禽走獸	非禮勿視
붕정만리 : 붕새의 날아가는 길이 만리로 트임. 곧 전정(前程)이 아주 멀고도 큼을 이름.	비금주수 : 날짐승과 길짐승.	비례물시 : 예의에 어긋나는 일은 보지도 말라는 말.

鵬程萬里　飛禽走獸　非禮勿視

붕새 붕	법 정	일만 만	마을 리	날 비	날짐승 금	달릴 주	짐승 수	아닐 비	예도 례	말 물	볼 시

鵬程萬里　飛禽走獸　非禮勿視

오늘의 世界名言

♡ 너무 자유롭다는 것은, 좋은 것이 아니다. 모든 필요한 물건을 다 가진다는 것은 좋은 일이 아니다.
파스칼 : 프랑스·수학자

重要結構

필수고사성어

非一非再	四顧無親	四面楚歌
비일비재:이같은 일이 한두 번이 아님.	사고무친:사방을 둘러보아도 친한 사람이 한 사람도 없음. 곧 의지할 만한 사람이 전혀 없음.	사면초가:사면이 모두 적병(敵兵)으로 포위된 상태를 이르는 말.

아닐 비	한 일	아닐 비	두번 재	넉 사	돌아볼 고	없을 무	친할 친	넉 사	낮 면	초나라 초	노래 가

오늘의 世界名言

♡ 양심은 개인이 자기 보존을 위해 개발한 사회의 질서를 지키는 수호신이다.
  모음 : 영국 · 작가

필수고사성어

四分五裂	砂上樓閣	四通五達
사분오열 : 여러 갈래로 찢어짐. 어지럽게 분열됨.	사상누각 : 모래 위에 세운 다락집. 곧 기초가 약하여 넘어질 염려가 있거나 오래 유지하지 못할 일을 비유하는 말.	사통오달 : 길이나 교통 · 통신 등이 사방으로 막힘없이 통함.

四	分	五	裂	砂	上	樓	閣	四	通	五	達
넉 사	나눌 분	다섯 오	찢을 렬	모래 사	위 상	다락 루	누각 각	넉 사	통할 통	다섯 오	통달할 달

四	分	五	烈	砂	上	樓	閣	四	通	五	達

重要結構

필수고사성어

事必歸正	山戰水戰	山海珍味
사필귀정:어떤 일이든 결국은 올바른 이치대로 됨. 반드시 정리(正理)로 돌아감.	산전수전:산과 물에서의 전투를 다 겪음. 곧 온갖 세상 일에 경험이 아주 많음.	산해진미:산과 바다에서 나는 재료로 만든 맛 좋은 음식. (동) 山珍海味(산진해미).

事必歸正　山戰水戰　山海珍味

일 사	반드시 필	돌아갈 귀	바를 정	뫼 산	싸움 전	물 수	싸움 전	뫼 산	바다 해	보배 진	맛 미

重要結構

필수고사성어

殺身成人	三顧草廬	森羅萬象
살신성인 : 자신의 목숨을 버려서 인(仁)을 이룸.	삼고초려 : 인재를 맞이하기 위하여 자기 몸을 굽히고 참을성 있게 마음을 씀을 비유하는 말.	삼라만상 : 우주(宇宙) 사이에 있는 수많은 현상.

殺	身	成	仁	三	顧	草	廬	森	羅	萬	象
죽일 살	몸 신	이룰 성	어질 인	석 삼	돌아볼 고	풀 초	오두막집 려	빽빽할 삼	벌일 라	일만 만	코끼리 상

殺身成仁　三顧草廬　森羅萬象

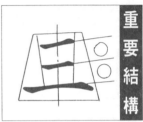

오늘의 世界名言

♡ 자신 속에 어떤 음악도 없고, 감미로운 음의 조화에도 마음이 움직이지 않는 사람은 배신과 모략과 약탈에 적합한 인간이다.
- 세익스피어 : 영국 · 시인

重要結構

필수고사성어

三人成虎	三尺童子	桑田碧海
삼인성호 : 근거없는 말이라도 여러 사람이 말하면 고지듣는다는 뜻.	삼척동자 : 신장이 석자에 불과한 자그마한 어린애. 곧 어린 아이.	상전벽해 : 뽕나무 밭이 변하여 푸른 바다가 됨. 곧 세상의 모든 일이 덧없이 변화무상함을 비유하는 말.

三	人	成	虎	三	尺	童	子	桑	田	碧	海
석 삼	사람 인	이룰 성	범 호	석 삼	자 척	아이 동	아들 자	뽕나무 상	밭 전	푸를 벽	바다 해

오늘의 世界名言

♡ 역사란 과거에 있었던 소설이며, 소설이란 있었을지도 모르는 역사이다.
　공쿠르 : 프랑스 · 소설가

重要結構

塞

필수고사성어

塞翁之馬	生老病死	庶幾之望
새옹지마 : 인생의 길흉 · 화복은 변화 무쌍하여 예측하기 어렵다는 뜻.	생로병사 : 나고, 늙고, 병들고, 죽는 일. 곧 인생이 겪어야 할 네가지 고통(苦痛).	서기지망 : 바라고 염원하여 오던 것이 거의 될 듯한 희망.

塞	翁	之	馬	生	老	病	死	庶	幾	之	望
변방 새	늙은이 옹	갈 지	말 마	날 생	늙을 로	병들 병	죽을 사	여러 서	몇 기	갈 지	바랄 망
塞八土	公刀亦	フ丶	馬灬	丨一二	土ノㄥ	亠广人	一夕匕	亠廿灬	絲心	フ丶	亡夕王

重要結構

필수고사성어

先見之明	先公後私	仙風道骨
선견지명 : 앞일을 미리 예견하여 내다보는 밝은 슬기.	선공후사 : 우선 공적인 일을 먼저 하고 사적인 일은 뒤로 미룸.	선풍도골 : 풍채가 뛰어나고 용모가 수려한 사람.

先	見	之	明	先	公	後	私	仙	風	道	骨
먼저 선	볼 견	갈 지	밝을 명	먼저 선	공평할 공	뒤 후	사사 사	신선 선	바람 풍	길 도	뼈 골

重要結構

필수고사성어

雪上加霜	説往説來	歲寒三友
설상가상:눈 위에 서리란 말로 불행한 일이 거듭하여 생김을 가리킴.	설왕설래:서로 변론을 주고 받으며 옥신각신함.	세한삼우:겨울철 관상용(觀賞用)인 세 가지 나무. 소나무, 대나무, 매화나무를 일컬음. 송죽매(松竹梅).

雪	上	加	霜	説	往	説	來	歲	寒	三	友
눈 설	위 상	더할 가	서리 상	말씀 설	갈 왕	말씀 설	올 래	해 세	찰 한	석 삼	벗 우

오늘의 世界名言

♡ 어느 정도의 정신적 불건
전함이 없이는 누구도 시인
이 될 수도 없고, 시를 음미
할 수도 없을 것이다.
　마콜리 : 프랑스·소설가

重要結構

필수고사성어

束手無策	送舊迎新	首邱初心
속수무책:손을 묶은 듯이 계략과 대책이 없음. 곧 어찌할 도리가 없음.	송구영신:묵은 해를 보내고 새해를 맞음.	수구초심:여우가 죽을 때 머리를 자기가 살던 굴로 향한다는 말로, 고향을 그리워하는 마음을 일컬음.

束	手	無	策	送	舊	迎	新	首	邱	初	心
묶을 속	손 수	없을 무	꾀 책	보낼 송	옛 구	맞을 영	새 신	머리 수	언덕 구	처음 초	마음 심

오늘의 世界名言

♡ 회화는 나의 아내이며, 내가 그린 그림은 나의 아들이다.

미켈란젤로 : 이탈리아 · 화가 · 조각가 · 건축가 · 시인

重要結構

필수고사성어

壽福康寧	首鼠兩端	袖手傍觀
수복강녕 : 오래 살아 복되며, 몸이 건강하여 평안함을 이르는 말.	수서양단 : 머뭇거리며 진퇴 · 거취를 결정짓지 못하고 관망하는 상태를 이름.	수수방관 : 팔장을 끼고 보고만 있다는 뜻으로 직접 손을 내밀어 간섭하지 아니하고 그대로 버려둠을 말함.

壽	福	康	寧	首	鼠	兩	端	袖	手	傍	觀
목숨 수	복 복	편안할 강	편안할 녕	머리 수	쥐 서	두 량	끝 단	소매 수	손 수	곁 방	볼 관
壽	福	康	寧	首	鼠	兩	端	袖	手	傍	觀
壽福康寧				首鼠兩端				袖手傍觀			

오늘의 世界名言

♡ 시는 아름다운 것만으로는 부족하다. 마음을 움직이지 않으면 안 된다. 그래서 듣는 사람의 정신으로 하여금 시가 원하는대로 이끌어가지 않으면 안 된다.
호라티우스 : 로마 · 시인

重要結構

필수고사성어

修身齊家	水魚之交	守株待兎
수신제가 : 행실을 올바로 닦고 집안을 바로 잡음.	수어지교 : 고기와 물과의 사이처럼, 떨어질 수 없는 특별한 친분.	수주대토 : 주변머리가 없고 융통성이 전혀없이 굳게 지키기만 함을 이르는 말.

修	身	齊	家	水	魚	之	交	守	株	待	兎
닦을 수	몸 신	가지런할 제	집 가	물 수	물고기 어	갈 지	사귈 교	지킬 수	그루 주	기다릴 대	토끼 토
修	身	齊	家	水	魚	之	交	守	株	待	兎

重要結構

필수고사성어

唇亡齒寒				始終如一				食少事煩			
순망치한:서로 이웃한 사람 중에서 한 사람이 망하면 다른 한 사람에게도 영향이 있음을 이르는 말.				시종여일:처음과 나중이 한결같이 변함이 없음.				식소사번:먹을 것은 적고 할 일은 많음을 일컫는 말.			

唇	亡	齒	寒	始	終	如	一	食	少	事	煩
입술 순	망할 망	이 치	찰 한	비로소 시	칠 종	같을 여	한 일	밥 식	적을 소	일 사	번거로울 번

重要結構

필수고사성어

識字憂患	信賞必罰	身言書判
식자우환 : 글자깨나 섣불리 좀 알았던 것이 도리어 화의 근원이 된다는 뜻.	신상필벌 : 공이 있는 사람에게는 필히 상을 주고, 죄가 있는 사람에게는 반드시 벌을 줌.	신언서판 : 인물을 선정하는 기준으로 삼던 네 가지 조건. 곧 신수와 말씨와 글씨와 판단력.

識	字	憂	患	信	賞	必	罰	身	言	書	判
알 식	글자 자	근심 우	근심 환	믿을 신	상줄 상	반드시 필	벌줄 벌	몸 신	말씀 언	글 서	판단할 판
言音戈	宀了一	丆忈夂	吅吅心	亻信口	尙貝丶	丷心丶	罒言刂	亻臼丿	言口一	聿日口	半刂刂

識字憂患	信賞必罰	身言書判

重要結構

필수고사성어

神出鬼沒	深思熟考	十年知己
신출귀몰:귀신이 출몰하듯 자유자재로 유연하여 그 변화를 헤아리지 못함.	심사숙고:깊이 생각하고 거듭 생각함을 말함. 곧 신중을 기하여 곰곰히 생각함.	십년지기:오래전부터 사귀어 온 친구.

神	出	鬼	沒	深	思	熟	考	十	年	知	己
귀신 신	날 출	귀신 귀	빠질 몰	깊을 심	생각 사	익을 숙	상고할 고	열 십	해 년	알 지	몸 기

（연습란）

重要結構

常

오늘의 世界名言

♡ 단적으로 마음에 호소하는 소박한 취미가 있다. 그리고 그것이야말로 고전에서 밖에는 찾아 볼 수 없다.
　　루소 : 프랑스 · 사상가
　　　　　소설가

필수고사성어

十常八九	十匙一飯	阿鼻叫喚
십상팔구 : 열이면 여덟이나 아홉은 그러함. (동) 십중팔구(十中八九).	십시일반 : 열 사람이 한 술씩 보태면 한 사람 분의 분량이 된다는 뜻.	아비규환 : 지옥같은 고통을 참지 못하여 울부짖는 소리.

十常八九　十匙一飯　阿鼻叫喚

열 십	항상 상	여덟 팔	아홉 구	열 십	숟가락 시	한 일	밥 반	언덕 아	코 비	부르짖을 규	부를 환
一	常	八	九	一	匙	一	飯	阿	鼻	叫	喚

오늘의 世界名言

♡ 사람이 호랑이를 죽이려고 할 때에, 인간은 그것을 스포츠라고 부른다. 호랑이가 인간을 죽이려고 할 때에 인간은 그것을 흉악이리 부른다.
버너드 쇼 : 영국·극작가

重要結構

필수고사성어

我田引水	眼下無人	藥房甘草
아전인수 : 자기 논에 물대기란 뜻으로, 자기에게 유리한 대로만 함.	안하무인 : 눈 아래 사람이 없음. 곧 교만하여 사람들을 아래로 내려보고 업신 여김.	약방감초 : ①무슨 일에나 끼어듦. ②무슨 일에나 반드시 끼어야 할 필요한 것.

我	田	引	水	眼	下	無	人	藥	房	甘	草
나 아	밭 전	끌 인	물 수	눈 안	아래 하	없을 무	사람 인	약 약	방 방	달 감	풀 초

오늘의 世界名言

♡ 소망과 희망을 가진 자는
이미 미래에 사는 자이다.
　　세퍼 : 영국·극작가
　　　　 평론가

重要結構

弱肉强食	羊頭狗肉	梁上君子
약육강식 : 약한 쪽이 강한 쪽에게 먹히는 자연 현상.	양두구육 : 겉으로는 훌륭하게 내세우나 속은 음흉한 생각을 품고 있다는 뜻.	양상군자 : 후한의 진 식이 들보 위에 숨어 있는 도둑을 가리켜 양상의 군자라 한 데서 온 말. 도둑.

弱	肉	强	食	羊	頭	狗	肉	梁	上	君	子
약할 약	고기 육	굳셀 강	밥 식	양 양	머리 두	개 구	고기 육	들보 량	위 상	임금 군	아들 자

重要結構

苦

필수고사성어

良藥苦口	魚頭鬼面	魚頭肉尾
양약고구:효험이 좋은 약은 입에 쓰다는 말로, 충직한 말은 듣기는 싫으나 받아들이면 자신에게 이롭다는 뜻.	어두귀면:고기 대가리에 귀신 상판대기라는 말로, 망칙하게 생긴 얼굴을 이르는 말.	어두육미:생선은 머리, 짐승은 꼬리 부분이 맛이 좋다는 말.

良藥苦口				魚頭鬼面				魚頭肉尾			
어질 량	약 약	괴로울 고	입 구	물고기 어	머리 두	귀신 귀	낯 면	물고기 어	머리 두	고기 육	꼬리 미

良藥苦口				魚頭鬼面				魚頭肉尾			

重要結構

필수고사성어

漁夫之利	言語道斷	言中有骨
어부지리 : 당사자간 싸우는 틈을 타 제삼자가 애쓰지 않고 가로챔을 이르는 말.	언어도단 : 말문이 막힌다는 뜻으로 너무 어이없어서 말하려해도 말할 수 없음을 이름.	언중유골 : 예사로운 말 속에 뼈 같은 속 뜻이 있다는 말.

漁	夫	之	利	言	語	道	斷	言	中	有	骨
고기잡을 어	사내 부	갈 지	이로울 리	말씀 언	말씀 어	길 도	끊을 단	말씀 언	가운데 중	있을 유	뼈 골

오늘의 世界名言

♡ 지배하거나 복종하지 않고, 그러면서도 무엇이 될 수 있는 사람만이 진정 행복한 사람이다.

괴테 : 독일 · 시인 · 극작가

重要結構

民

필수고사성어

與民同樂	連絡不絶	戀慕之情
여민동락 : 임금이 백성과 더불어 낙(樂)을 같이 함. (동) 與民偕樂 (여민해락)	연락부절 : 오고 감이 끊이지 않고 교통을 계속함.	연모지정 : 그리워하고 사랑하는 연모의 정.

與	民	同	樂	連	絡	不	絶	戀	慕	之	情
참여할 여	백성 민	한가지 동	즐길 락	연할 련	이을 락	아닐 부	끊을 절	사모할 련	사모할 모	갈 지	뜻 정

필수고사성어

緣木求魚	連戰連勝	榮枯盛衰
연목구어 : 나무 위에서 고기를 구한다는 뜻으로, 안될 일을 무리하게 하려고 한다는 뜻.	연전연승 : 싸울 때마다 승승장구 번번이 이김.	영고성쇠 : 번영하여 융성함과 말라서 쇠잔해 짐. (동) 興亡盛衰(흥망성쇠).

인연 연	나무 목	구할 구	물고기 어	연할 련	싸움 전	연할 련	이길 승	영화로울 영	마를 고	성할 성	쇠잔할 쇠

오늘의 世界名言

♡ 불가능한 일을 원하는 사람을 나는 사랑한다.
괴테 : 독일·시인·극작가

重要結構

里

필수고사성어

五里霧中	寤寐不忘	吾鼻三尺
오리무중:짙은 안개 속에서 길을 찾기 어려움과 같이, 어떤 일에 대하여 알길이 없음을 일컫는 말.	오매불망:자나 깨나 잊지 못하는 애절한 심정의 상태.	오비삼척:내 코가 석자라는 뜻. 곧 자기의 곤궁이 심하여 남의 사정을 돌아볼 겨를이 없음을 일컬음.

五	里	霧	中	寤	寐	不	忘	吾	鼻	三	尺
다섯 오	마을 리	안개 무	가운데 중	깨일 오	잘 매	아닐 불	잊을 망	나 오	코 비	석 삼	자 척

오늘의 世界名言

♡「자유의 가치는 영원한 불침번이다.」라는 것은, 그것은 항상 위협을 받고 있다는 것을 뜻한다.
　힐티 : 스위스·사상가

重要結構

梨

烏飛梨落	烏飛一色	吳越同舟
오비이락:까마귀 날자 배 떨어진다는 뜻. 곧 우연한 일에 남으로부터 혐의를 받게 됨을 가리키는 말.	오비일색:날고 있는 까마귀가 모두 같은 색깔이라는 뜻으로, 모두 같은 종류로 똑같음을 의미하는 말.	오월동주:서로 적대하는 사람이 같은 경우의 처지가 됨을 가리키는 말.

烏飛梨落　烏飛一色　吳越同舟

까마귀 오	날 비	배 리	떨어질 락	까마귀 오	날 비	한 일	빛 색	나라이름 오	넘을 월	한가지 동	배 주
烏	飛	梨	落	烏	飛	一	色	吳	越	同	舟

烏飛梨落　烏飛一色　吳越同舟

오늘의 世界名言

♡ 욕망의 짐을 지겹게 지고 있는 자는 조그만 기쁨을 살 때는 괴로움과 손해를 본다.
세바스찬 브란트 : 독일·시인·법학자

重要結構

필수고사성어

烏合之卒	屋上架屋	玉石俱焚
오합지졸 : 임시로 모집하여 훈련을 하지 못해 무질서한 군사. (비) 烏合之衆(오합지중)	옥상가옥 : 지붕 위에 또 지붕을 얹음. 곧 위에 부질없이 거듭함을 이르는 말.	옥석구분 : 옥과 돌이 함께 탄다는 뜻. 곧 나쁜 사람이나 좋은 사람이나 다 같이 재앙을 당함을 비유한 말.

烏合之卒　屋上架屋　玉石俱焚

까마귀 오	합할 합	갈 지	군사 졸	집 옥	위 상	시렁 가	집 옥	구슬 옥	돌 석	함께 구	불사를 분

重要結構

필수고사성어

溫 故 知 新	臥 薪 嘗 膽	外 柔 内 剛
온고지신:옛것을 익히고 그것으로 미루어 새것을 알수 있다는 뜻.	와신상담:섶에 누워 쓸개의 맛을 본다는 뜻으로, 원수를 갚으려고 고통과 어려움을 참고 견딤을 비유함.	외유내강:겉으로 보기에는 부드러우나 속은 꿋꿋하고 강함.

溫	故	知	新	臥	薪	嘗	膽	外	柔	内	剛
따뜻할 온	연고 고	알 지	새 신	누울 와	섶나무 신	맛볼 상	쓸개 담	바깥 외	부드러울 유	안 내	굳셀 강

오늘의 世界名言

♡ 슬픔은 남에게 터 놓고 이야기 함으로서 완전히 가시지는 않을 망정, 누그러질 수 있다.
칼데론 : 스페인 · 극작가

重要結構 原

필수고사성어

燎原之火	欲速不達	龍頭蛇尾
요원지화 : 거세게 타는 벌판의 불길이라는 뜻으로, 미처 방비할 사이없이 퍼지는 세력을 형용하는 말.	욕속부달 : 일을 너무 성급히 하려고 하면 도리어 이루기 어려움을 의미한 말.	용두사미 : 용의 머리와 뱀의 꼬리라는 뜻. 곧 처음은 그럴듯하다가 나중엔 흐지부지함을 말함.

燎原之火　欲速不達　龍頭蛇尾

불놓을 요	근본 원	갈 지	불 화	하고자할 욕	빠를 속	아니 부	통달할 달	용 룡	머리 두	뱀 사	꼬리 미

오늘의 世界名言

♡ 죽음이 마지막 잠인가?
아니다. 죽음은 최후의 깨어
남이다.
W·스코트 : 영국·변호사

필수고사성어

右往左往　優柔不斷　牛耳讀經

우왕좌왕 : 사방으로 왔다 갔다하며 안절부절함.

우유부단 : 연약해서 망설이기만 하고 결단력이 부족하여 끝을 맺지 못함.

우이독경 : 「소 귀에 경 읽기」란 뜻으로 가르치고 일러 주어도 알아 듣지 못함을 비유하는 말. (동)牛耳誦

右	往	左	往	優	柔	不	斷	牛	耳	讀	經
오른쪽 우	갈 왕	왼 좌	갈 왕	넉넉할 우	부드러울 유	아닐 부	끊을 단	소 우	귀 이	읽을 독	경서 경
右	往	左	往	優	柔	不	断	牛	耳	讀	経

必須故事成語選

重要結構

攻

필수고사성어

雨後竹筍	遠交近攻	危機一髮
우후죽순:비 온 뒤에 무수히 돋는 죽순. 곧 어떤 일이 일시에 많이 일어남을 비유한 말.	원교근공:먼 곳에 있는 나라와 우호관계를 맺고 가까이 있는 나라를 하나씩 쳐들어 가는 일.	위기일발 : 조금이라도 방심할 수 없는 위급한 순간.

雨	後	竹	筍	遠	交	近	攻	危	機	一	髮
비 우	뒤 후	대 죽	죽순 죽	멀 원	사귈 교	가까울 근	칠 공	위태할 위	베틀 기	한 일	머리털 발

重要 結構

필수고사성어

有口無言	有名無實	隱忍自重
유구무언:입은 있으나 말이 없다는 뜻으로, 변명할 말이 없거나 변명을 못함을 이름.	유명무실:이름뿐이고 그 실상은 없음.	은인지중:마음속으로 괴로움을 참으며 몸가짐을 조심함.

有	口	無	言	有	名	無	實	隱	忍	自	重
있을 유	입 구	없을 무	말씀 언	있을 유	이름 명	없을 무	열매 실	숨을 은	참을 인	스스로 자	무거울 중

오늘의 世界名言
♡ 사람은 행복할 때에, 그에게 행복을 부여한 미덕을 잊지 않도록 해야 한다.
모로아 : 프랑스 · 소설가

필수고사성어

陰德陽報	吟風弄月	以心傳心
음덕양보:남 모르게 덕을 쌓는 사람은 뒤에 남이 알게 보답을 받는다는 뜻.	음풍농월:맑은 바람과 밝은 달을 벗삼아 시를 읊으며 즐겁게 지내는 것.	이심전심:말이나 글에 의하지 않고 마음과 마음으로 전달 됨. (비) 心心相印(심심상인)

陰	德	陽	報	吟	風	弄	月	以	心	傳	心
그늘 음	큰 덕	볕 양	갚을 보	읊을 음	바람 풍	희롱할 롱	달 월	써 이	마음 심	전할 전	마음 심

필수고사성어

以 熱 治 熱	已 往 之 事	二 律 背 反
이열치열 : 열로써 열을 다스림. 곧 힘은 힘으로써 다스림.	이왕지사 : 이미 지나간 일. (동) 已過之事(이과지사)	이율배반 : 서로 모순되는 두 명제가 동등한 권리로 주장되는 일.

以	熱	治	熱	已	往	之	事	二	律	背	反
써 이	더울 열	다스릴 치	더울 열	이미 이	갈 왕	갈 지	일 사	두 이	법률 률	등 배	돌이킬 반
以	熱	治	熱	已	往	之	事	二	律	背	反

以 熱 治 熱	已 往 之 事	二 律 背 反

오늘의 世界名言

♡ 운은 우리에게서 부를 빼앗을 수는 있어도 용기를 빼앗을 수는 없다.
　세네카 : 로마 · 철학자

必須故事成語選

重要結構

필수고사성어

因果應報	因循姑息	因人成事
인과응보 : 사람이 짓는 선악의 인업에 응하여 과보가 있음.	인순고식 : 구습을 버리지 못하고 목전의 편안한 것만을 취함.	인인성사 : 남의 힘으로 일이나 뜻을 이룸.

因果應報				因循姑息				因人成事			
인할 인	과실 과	응할 응	갚을 보	인할 인	돌 순	시어머니 고	숨쉴 식	인할 인	사람 인	이룰 성	일 사
因	果	應	報	因	循	姑	息	因	人	成	事

오늘의 世界名言

♡ 사람과 아주 비슷하게 닮았기 때문에 원숭이가 더욱 추해 보이는 것처럼, 미신은 참된 종교와 비슷한 이유로 해서 더욱 추하다.
F·베이콘 : 영국·철학자

重要結構

필수고사성어

仁者無敵	一擧兩得	一騎當千
인자무적 : 어진 사람에게는 적이 없음.	일거양득 : 한 가지 일로 두 가지 이득을 봄.	일기당천 : 한 사람이 천 사람을 당해 냄. 곧 아주 힘이 셈을 비유함.

仁者無敵				一擧兩得				一騎當千			
어질 인	놈 자	없을 무	대적할 적	한 일	들 거	두 양	얻을 득	한 일	말탈 기	마땅할 당	일천 천
仁	者	無	敵	一	擧	兩	得	一	騎	當	千

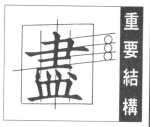

重要結構

필수고사성어

一 網 打 盡	一 脈 相 通	一 目 瞭 然
일망타진:한 그물에 모두 다 모아 잡음. 곧 한꺼번에 모조리 체포함.	일맥상통:솜씨·성격·처지·상태 등이 서로 통함.	일목요연:선뜻 보아도 똑똑하게 알수 있음.

一	網	打	盡	一	脈	相	通	一	目	瞭	然
한 일	그물 망	칠 타	다할 진	한 일	맥 맥	서로 상	통할 통	한 일	눈 목	밝을 요	그럴 연
一				一				一			

一	網	打	盡	一	脈	相	通	一	目	瞭	然

오늘의 世界名言

♡ 절대적 진리라는 것은 결코 없다. 그것은 날마다 입수하는 빵과 같은 것이다.
　라뇨오 : 프랑스·비평가

重要結構　薄

日薄西山	一絲不亂	一瀉千里
일박서산 : 해가 서산에 가까와진다는 뜻으로, 늙어서 죽음이 가까와짐을 비유.	일사불란 : 한 오라기의 실도 어지럽지 않음. 곧 질서가 정연해 조금도 헝크러진 데나 어지러움이 없음.	일사천리 : 강물의 물살이 빨라서 한 번 흘러 천리에 다다름. 곧 사물의 진행이 거침없이 빠름을 말함.

日薄西山一絲不亂一瀉千里

날 일	엷을 박	서녘 서	뫼 산	한 일	실 사	아닐 불	어지러울 란	한 일	토할 사	일천 천	마을 리

오늘의 世界名言

♡ 지나친 자유는 더욱 더 욕망을 쌓게 한다. 물욕(物慾)이란 저축과 함께 역시 증가할 뿐이다.
드라이덴 : 영국·시인·극작가·비평가

필수고사성어

一視同仁	一魚濁水	一言之下
일시동인 : 모두를 평등하게 보아 똑같이 사랑함.	일어탁수 : 한 마리의 고기가 물을 흐린다는 뜻. 한 사람의 잘못으로 여러 사람이 피해를 받게 됨을 비유.	일언지하 : 한 마디로 딱 잘라 말함. 두말할 나위 없음.

一視同仁 一魚濁水 一言之下

한 일	볼 시	한가지 동	어질 인	한 일	물고기 어	흐릴 탁	물 수	한 일	말씀 언	갈 지	아래 하
一	視	同	仁	一	魚	濁	水	一	言	之	下

一視同仁 一魚濁水 一言之下

필수고사성어

重要結構

一日三秋	一場春夢	日就月將
일일삼추 : 하루가 삼 년 같다는 뜻. 몹시 지루하게 기다릴 때의 형용. (동) 一刻如三秋(일각여삼추)	일장춘몽 : 한바탕의 봄꿈처럼 헛된 영화.	일취월장 : 나날이 다달이 진전됨이 빠름을 이르는 말.

一 日 三 秋　一 場 春 夢　日 就 月 將

한	일	날	일	석	삼	가을	추	한	일	마당	장	봄	춘	꿈	몽	날	일	나아갈	취	달	월	장수	장

오늘의 世界名言

♡ 인생은 선도 아니고 악도 아니다. 그것은 그대들의 배려에 따라 선이나 혹은 악의 무대가 된다.
　　몽테뉴 : 프랑스 · 사상가

重要結構

戰

필수고사성어

臨機應變	臨戰無退	自家撞着
임기응변 : 그때 그때 일의 형편에 따라서 융통성 있게 잘 처리함.	임전무퇴 : 싸움터에 임하여 물러섬이 없음.	자가당착 : 자기가 한 말이나 행동의 앞 뒤가 모순되는 것.

臨	機	應	變	臨	戰	無	退	自	家	撞	着
임할 임	베틀 기	응할 응	변할 변	임할 임	싸움 전	없을 무	물러날 퇴	스스로 자	집 가	칠 당	붙을 착

(연습용 빈 칸)

臨棧応変 臨戰無退 自家撞着

(연습용 빈 칸)

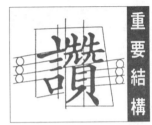

오늘의 世界名言

♡ 어떠한 행동도 수반하지 않는 사상은 사상이 아니다. 그것은 몽상이다.
마루틴 : 스위스·인류학자

필수고사성어

自手成家	自繩自縛	自畵自讚
자수성가:부모에게 물려받은 재산이 없이 자기 스스로 한 살림 이룸을 말함.	자승자박:자기 줄로 제 몸을 옭아 묶는다는 뜻.	자화자찬:자기가 그린 그림을 자기가 칭찬한다는 말로, 자기의 행위를 스스로 칭찬함을 이룸.

自	手	成	家	自	繩	自	縛	自	畵	自	讚
스스로 자	손 수	이룰 성	집 가	스스로 자	노끈 승	스스로 자	묶을 박	스스로 자	그림 화	스스로 자	기릴 찬

오늘의 世界名言
♡ 나는 진실과 허위를 구별해서, 나자신이 행하는 것을 직시하고 이 인생의 길을 확실한 발걸음으로 걷고 싶다.
데카르트 : 프랑스·철학자

重要結構

道

필수고사성어

作舍道傍 | 作心三日 | 賊反荷杖

작사도방:무슨 일에나 이견(異見)이 많아서 얼른 결정 못함을 이르는 말.

작심삼일:한 번 결심한 것이 사흘을 가지 않음. 곧 결심이 굳지 못함을 가리키는 말.

적반하장:도둑이 도리어 매를 든다는 뜻으로, 잘못한 사람이 도리어 잘한 사람을 나무랄 경우에 쓰는 말.

作舍道傍 作心三日 賊反荷杖

지을 작	집 사	길 도	곁 방	지을 작	마음 심	석 삼	날 일	도둑 적	돌이킬 반	짐 하	지팡이 장

重要結構

所

오늘의 世界名言

♡ 모든 사람들과 즐겁게 생활하기 위해서는 자기와 남을 절연시키는 것이 아니라, 자기와 남과를 연결시키는 것이 최상이라고 생각하라
톨스토이 : 러시아 · 작가

필수고사성어

適材適所	電光石火	轉禍爲福
적재적소 : 적당한 재목을 적당한 자리에 씀.	전광석화 : 번갯불과 부싯돌의 불. 곧 극히 짧은 시간이나 매우 빠른 동작을 말함.	전화위복 : 화가 바뀌어 복이 됨. 곧 언짢은 일이 계기가 되어 도리어 행운을 맞게 됨을 이름.

適	材	適	所	電	光	石	火	轉	禍	爲	福
맞을 적	재목 재	맞을 적	바 소	번개 전	빛 광	돌 석	불 화	구를 전	재화 화	위할 위	복 복

重要結構

필수고사성어

切磋琢磨	頂門一鍼	糟糠之妻
절차탁마：옥(玉)·돌 따위를 갈고 닦는 것과 같이 덕행과 학문을 쉼 없이 노력하여 닦음을 말함.	정문일치：정수리에 침을 놓는다는 말. 곧 간절하고 따끔한 충고를 이르는 말.	조강지처：지게미와 겨를 같이 먹고 고생한 정실 아내. 곧 고생을 함께 하여 온 본처.

切	磋	琢	磨	頂	門	一	鍼	糟	糠	之	妻
끊을 절	갈 차	닦을 탁	갈 마	정수리 정	문 문	한 일	침 침	재강 조	겨 강	갈 지	아내 처

오늘의 世界名言

♡ 육체에 꼭 맞은 옷만을 입히지 말고, 양심에 꼭맞는 옷을 입도록 하라.
톨스토이 : 러시아 · 작가

重要結構 暮

필수고사성어

朝令暮改	朝三暮四	種豆得豆
조령모개:아침에 내린 영을 저녁에 고침. 곧 법령이나 명령을 자주 뒤바꿈을 이름.	조삼모사:간사한 꾀로 남을 속여 회롱함을 이르는 말.	종두득두:콩 심은 데 콩을 거둔다는 말로 원인에는 반드시 그에 따른 결과가 온다는 뜻.

朝	令	暮	改	朝	三	暮	四	種	豆	得	豆
아침 조	명령할 명	저물 모	고칠 개	아침 조	석 삼	저물 모	넉 사	씨 종	콩 두	얻을 득	콩 두

오늘의 世界名言

♡ 고통이 그대에게 준 것을 충분히 음미하라. 괴로움이 일단 목을 넘어가면 그 쓴 맛은 형언할 수 없는 감미로운 맛을 혀에 남길 것이다.
괴테 : 독일 · 시인 · 극작가

重要結構

필수고사성어

坐不安席	坐井觀天	主客顚倒
좌불안석:한 곳에 오래 앉아 있지 못하고 안절 부절함.	좌정관천:우물에 앉아 하늘을 봄. 곧 견문(見門)이 좁은 것을 가리키는 말.	주객전도:사물의 경중(輕重) · 선후(先後), 주인과 객의 차례 따위가 서로 뒤바뀜.

坐	不	安	席	坐	井	觀	天	主	客	顚	倒
앉을 좌	아니 불	편안 안	자리 석	앉을 좌	우물 정	볼 관	하늘 천	주인 주	손 객	넘어질 전	넘어질 도

必須故事成語選

重要結構

필수고사성어

晝耕夜讀	走馬加鞭	走馬看山
주경야독 : 낮에는 농사일을 하고 밤에는 글을 읽음. 곧 바쁜 틈을 타서 어렵게 공부함.	주마가편 : 달리는 말에 채찍질한다는 말로, 부지런하고 성실한 사람을 더 격려함을 이르는 말.	주마간산 : 달리는 말 위에서 산천을 구경함. 곧 바쁘고 어수선하여 무슨 일이든지 스치듯 지나쳐서 봄.

晝耕夜讀　走馬加鞭　走馬看山

낮 주	밭갈 경	밤 야	읽을 독	달릴 주	말 마	더할 가	채찍 편	달릴 주	말 마	볼 간	뫼 산
晝	耕	夜	讀	走	馬	加	鞭	走	馬	看	山

晝耕夜讀　走馬加鞭　走馬看山

오늘의 世界名言

♡ 속아서 잃은 돈만큼, 유리하게 쓴 것은 없다. 말할 것도 없이 그 돈으로 지혜를 산 셈이 되니까.

쇼펜하우워 : 독일·철학자

重要結構

필수고사성어

酒池肉林	竹馬故友	衆寡不敵
주지육림:술이 못을 이루고 고기가 숲을 이루었다는 뜻. 곧 호사스럽고 굉장한 술잔치를 이르는 말.	죽마고우:어릴 때부터 같이 놀며 자란 벗.	중과부적:적은 수효가 많은 수효를 대적할 수 없다는 뜻.

酒	池	肉	林	竹	馬	故	友	衆	寡	不	敵
술 주	못 지	고기 육	수풀 림	대 죽	말 마	연고 고	벗 우	무리 중	적을 과	아닐 부	대적할 적

오늘의 世界名言

♡ 전진하는 것도 위험하며, 뒤돌아 보는 것도 위험하고, 몸을 흔드는 것도 또한 위험이다.
니체 : 독일 · 시인 · 철학가

重要結構

필수고사성어

衆口難防	知己之友	至緊至要
중구난방 : 뭇 사람의 말을 다 막기가 어렵다는 말.	지기지우 : 서로 뜻이 통하는 친한 벗.	지긴지요 : 더할 나위 없이 긴요함.

衆	口	難	防	知	己	之	友	至	緊	至	要
무리 중	입 구	어려울 난	막을 방	알 지	몸 기	갈 지	벗 우	이를 지	긴요할 긴	이를 지	구할 요

重要結構 誠

필수고사성어

指鹿爲馬	支離滅裂	至誠感天
지록위마 : 윗사람을 속이고 권세를 거리낌없이 제마음대로 휘두르는 것을 가리키는 말.	지리멸렬 : 순서없이 마구 뒤섞여 갈피를 잡을 수 없는 상태.	지성감천 : 지극한 정성에 하늘이 감동함.

손가락 지	사슴 록	위할 위	말 마	지탱할 지	떠날 리	멸망할 멸	찢을 렬	이를 지	정성 성	느낄 감	하늘 천

오늘의 世界名言

♡ 돈으로 신용을 얻으려고
하지 말라. 신용으로 돈을
만들려고 노력하라.
테미스토크레스 : 그리스·
장군·정치가

重要結構

退

필수고사성어

知彼知己	進退兩難	天高馬肥
지피지기 : 적의 내정(內情)과 나의 내정을 소상히 앎.	진퇴양난 : 나아갈 수도 물러설 수도 없는 궁지에 빠짐.	천고마비 : 가을 하늘은 맑게 개어 높고 말은 살찐다는 뜻으로, 가을이 좋은 시절임을 이르는 말.

知	彼	知	己	進	退	兩	難	天	高	馬	肥
알 지	저 피	알 지	몸 기	나아갈 진	물러날 퇴	두 량	어려울 난	하늘 천	높을 고	말 마	살찔 비

重要結構

地

필수고사성어

千慮一得	天方地軸	天壤之判
천려일득:바보 같은 사람이라도 많은 생각 속에는 한 가지 쓸만한 것이 있다는 말.	천방지축:①너무 바빠서 허둥지둥 내닫는 모양. ②분별없이 함부로 덤비는 모양.	천양지판:하늘과 땅의 차이처럼 엄청난 차이. (동) 天壤之差(천양지차)

千慮一得				天方地軸				天壤之判			
일천 천	생각할 려	한 일	얻을 득	하늘 천	모 방	땅 지	굴대 축	하늘 천	물리칠 양	갈 지	판단할 판

重要結構

오늘의 世界名言

♡ 숭고한 인간과 못난 인간과는 한 발 차이밖에 나지 않는다.

나폴레옹 : 프랑스 · 황제

天衣無縫				天人共怒				千載一遇			
천의무봉:시가(詩歌) 따위의 기교(技巧)에 흠이 없이 완미(完美)함을 이룸.				천인공노:하늘과 땅이 함께 분노한다는 뜻으로, 도저히 용서못할 일을 비유한 말.				천재일우:천년에 한 번 만남. 곧 좀처럼 얻기 어려운 좋은 기회.			
天	衣	無	縫	天	人	共	怒	千	載	一	遇
하늘 천	옷 의	없을 무	꿰맬 봉	하늘 천	사람 인	함께 공	성낼 노	일천 천	실을 재	한 일	만날 우
二人	九人	亡灬	絲縫	二人	人	二八	八怒心	二|	壹心	一	禺辶
天	衣	無	縫	天	人	共	怒	千	載	一	遇

오늘의 世界名言

♡ 정치와 같은 도박은 없다.
　디즈렐리 : 영국·정치가

필수고사성어

天眞爛漫	千篇一律	鐵石肝腸
천진난만:꾸밈이나 거짓이 없는 천성 그대로의 순진함.	천편일률:많은 사물이 변화가 없이 모두 엇비슷한 현상.	철석간장:매우 굳센 지조를 가리키는 말. (동) 鐵心石腸(철심석장).

天	眞	爛	漫	千	篇	一	律	鐵	石	肝	腸
하늘 천	참 진	빛날 란	부질없을 만	일천 천	책 편	한 일	법 률	쇠 철	돌 석	간 간	창자 장

오늘의 世界名言

♡ 지배하는 것을 배우기는 쉽지만 통치하는 것의 습득은 어렵다.
괴테 : 독일 · 시인 · 극작가

重要結構

青雲萬里	青出於藍	草綠同色
청운만리：푸른 구름 일만 리. 곧 원대한 포부나 높은 이상을 이르는 말.	청출어람：쪽에서 나온 푸른 물감이 쪽보다 더 푸르다는 뜻. 제자가 스승보다 낫다는 말. 출람(出藍).	초록동색：같은 처지나 같은 유의 사람들은 서로 같은 처지나 같은 유의 사람들끼리 어울림을 이름.

푸를 청	구름 운	일만 만	마을 리	푸를 청	날 출	어조사 어	쪽 람	풀 초	푸를 록	한가지 동	빛 색

重要結構

필수고사성어

初志一貫	寸鐵殺人	忠言逆耳
초지일관 : 처음 품은 뜻을 한결같이 꿰뚫음.	촌철살인 : 작고 날카로운 쇠붙이로 살인을 한다는 뜻으로, 짤막한 경구로 사람의 마음을 찔러 감동시킴.	충언역이 : 정성스럽고 바르게 하는 말은 귀에 거슬림.

初	志	一	貫	寸	鐵	殺	人	忠	言	逆	耳
처음 초	뜻 지	한 일	꿰일 관	마디 촌	쇠 철	죽일 살	사람 인	충성 충	말씀 언	거스를 역	귀 이

오늘의 世界名言

♡ 삶의 기술이란 하나의 공격 목표를 정하여 놓고 거기에 모든 힘을 집중하는 것이다.

모로아 : 프랑스·소설가

重要結構

花

필수고사성어

七顚八起	他山之石	探花蜂蝶
칠전팔기:일곱 번 넘어지고 여덟 번 일어남. 곧 실패를 무릅쓰고 분투함을 이르는 말.	타산지석:다른 사람의 하찮은 언행일지라도 자기의 지덕(知德)을 닦는데 도움이 된다는 말.	탐화봉접:꽃을 찾아 다니는 벌과 나비라는 뜻에서, 여색에 빠지는 것을 가리키는 말.

七	顚	八	起	他	山	之	石	探	花	蜂	蝶
일곱 칠	정수리 전	여덟 팔	일어날 기	다를 타	뫼 산	갈 지	돌 석	찾을 탐	꽃 화	벌 봉	나비 접
一乚	眞顚	八丶	辷走己	亻㐅儿	丨丄	亠之	丆冖	扌冖八	艹宀儿	虫乞	虫㐫小
七顚八起	他山之石	探花蜂蝶									

오늘의 世界名言

♡ 그대들이 높이 오르려고 한다면 자기 다리를 써라! 남이 들어 올리게 하지 말라! 남의 머리 위에 타지 말라!

니체 : 독일 · 시인 · 철학가

重要結構

필수고사성어

泰然自若	破竹之勢	布衣之交
태연자약:마음에 무슨 충동을 당하여도 듬직하고 천연스러움.	파죽지세:대를 쪼개는 기세. 곧 막을 수 없게 맹렬히 전진하여 치는 기세.	포의지교:선비 시절에 사귄 절친한 벗.

泰	然	自	若	破	竹	之	勢	布	衣	之	交
클 태	그럴 연	스스로 자	같을 약	깨뜨릴 파	대 죽	갈 지	기세 세	베 포	옷 의	갈 지	사귈 교

오늘의 世界名言

♡ 무엇이 나의 가장 신성한 의무라는 것인가? 나에게 있어서 신성한 의무, 그것은 나 자신에 대한 의무이다.

입센 : 노르웨이 · 극작가

重要結構

布衣寒士	表裏不同	風前燈火
포의한사 : 벼슬길에 오르지 못한 선비.	표리부동 : 마음이 음흉하여 겉과 속이 다름.	풍전등화 : 바람 앞에 켠 등불이란 뜻으로, 사물이 매우 위급한 자리에 놓여 있음을 가리키는 말.

布	衣	寒	士	表	裏	不	同	風	前	燈	火
베 포	옷 의	찰 한	선비 사	거죽 표	속 리	아닐 부	한가지 동	바람 풍	앞 전	등잔 등	불 화

重要結構 石

필수고사성어

漢江投石	含憤蓄怨	咸興差使
한강투석:한강에 돌 던지기. 곧 애써도 보람 없음을 이르는 말.	함분축원:분함과 원망을 품음.	함흥차사:한번 가기만 하면 깜깜 무소식이란 뜻. 심부름꾼이 가서 소식이 없거나 회답이 늦을 때 쓰는 말.

漢江投石　含憤蓄怨　咸興差使

한수 한	강 강	던질 투	돌 석	머금을 함	분할 분	쌓을 축	원망할 원	다 함	일어날 흥	어긋날 차	하여금 사

漢江投石　含憤蓄怨　咸興差使

重要結構

필수고사성어

虛心坦懷	賢母良妻	懸河口辯
허심탄회 : 마음 속에 아무런 사념 없이 품은 생각을 터놓고 말함.	현모양처 : 어진 어머니이면서 또한 착한 아내.	현하구변 : 흐르는 물과 같이 거침없이 술술 나오는 말. (동) 懸河雄辯 (현하웅변), 懸河之辯(현하지변).

虛	心	坦	懷	賢	母	良	妻	懸	河	口	辯
빌 허	마음 심	평탄할 탄	품을 회	어질 현	어미 모	어질 량	아내 처	매달 현	물 하	입 구	말잘할 변

오늘의 世界名言

♡ 인간의 존엄과 자유는 인간이 원래 가지고 있는 것이다. 이 귀한 보배들을 지키자. 만약 그렇지 못하다면 존엄과 함께 죽어버리자.
키케르 : 로마·문인·철학자

필수고사성어

螢雪之功	弧假虎威	糊口之策
형설지공:갖은 고생을 하며 학문을 닦은 보람.	호가호위:남의 권세에 의지하여 위세를 부림의 비유.	호구지책:가난한 살림에 겨우 먹고 살아가는 방책.

螢	雪	之	功	弧	假	虎	威	糊	口	之	策
개똥벌레 형	눈 설	갈 지	공 공	여우 호	거짓 가	범 호	위엄 위	풀 호	입 구	갈 지	꾀 책

필수고사성어

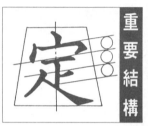

重要結構

浩然之氣	昏定晨省	紅爐點雪
호연지기 : 도의에 뿌리를 박고 공명정대하여 스스로 돌아보아 조금도 부끄럽지 않은 도덕적 용기.	혼정신성 : 밤에 잘 때 부모의 침소에 가서 편히 주무시기를 여쭙고, 아침에는 밤새의 안후를 살피는 일.	홍로점설 : 화로에 눈이 내리면 곧 녹아 버린다는 말로, 큰 일에 있어 작은 힘이 전혀 보탬이 되지 못함을 비유.

浩然之氣　昏定晨省　紅爐點雪

넓을 호	그럴 연	갈 지	기운 기	어두울 혼	정할 정	새벽 신	살필 성	붉을 홍	화로 로	점 점	눈 설

오늘의 世界名言

♡ 사랑받는 것은 타오르는 것이다. 사랑하는 것은 마르지 않는 기름으로 밝히는 것이다. 사랑을 받는 것은 망하는 것이며 사랑한다는 것은 망하지 않는 것이다.
릴케 : 독일 · 시인

重要結構

足

畫龍點睛

화룡점정 : 옛날 명화가가 용을 그리고 눈을 그려 넣었더니 하늘로 올라갔다는 고사. 사물의 긴요한 곳.

畫蛇添足

화사첨족 : 쓸데 없는 짓을 덧붙여 하다가 도리어 실패함을 가리키는 말. 蛇足(사족).

畫中之餅

화중지병 : 그림의 떡. 곧 실속 없는 일을 비유하는 말.

그림 화	용 룡	점 점	눈동자 정	그림 화	뱀 사	더할 첨	발 족	그림 화	가운데 중	갈 지	떡 병

重要結構

필수고사성어

確乎不拔	換骨奪胎	患難相救
확호불발:군세고 매우 든든하여 마음이 흔들리지 아니함을 말함.	환골탈태:딴 사람이 된 듯이 용모가 환하게 트이고 아름다와짐.	환난상구:근심이나 재앙을 서로 구하여 줌.

確	乎	不	拔	換	骨	奪	胎	患	難	相	救
확실할 확	어조사 호	아닐 불	뺄 발	바꿀 환	뼈 골	빼앗을 탈	아이밸 태	근심 환	어려울 난	서로 상	구원할 구

필수고사성어

荒唐無稽	橫說竪說	興盡悲來
황당무계:언행이 두서가 없고 허황하여 믿을수가 없음.	횡설수설:이치에 맞지 않는 말이나 두서없는 말을 아무렇게나 지껄임.	흥진비래:즐거운 일이 다하면 슬픈 일이 옴. 곧 세상 일은 돌고 돌아 순환됨을 이르는 말.

거칠 황	황당할 당	없을 무	생각할 계	가로 횡	말씀 설	더벅머리 수	말씀 설	일어날 흥	다할 진	슬플 비	올 래

一字 多音 漢字

降	내릴 강	降雨量(강우량)
	항복할 항	降伏(항복)
車	수레 거	車馬費(거마비)
	수레 차	車庫(차고)
見	볼 견	見聞(견문)
	나타날 현	見夢(현몽)
更	고칠 경	更張(경장)
	다시 갱	更生(갱생)
龜	거북 귀	龜鑑(귀감)
	나라 구	龜茲(구자)
	갈라질 균	龜裂(균열)
金	쇠 금	金屬(금속)
	성 김	김씨(金氏)
茶	차 다	茶菓(다과)
	차 차	茶禮(차례)
度	법도 도	制度(제도)
	헤아릴 탁	度地(탁지)
讀	읽을 독	讀書(독서)
	구절 두	句讀點(구두점)
洞	마을 동	洞里(동리)
	통할 통	洞察(통찰)
樂	즐길 락	苦樂(고락)
	풍류 악	音樂(음악)
	좋을 요	樂山(요산)
率	비률 률	確率(확률)
	거느릴 솔	統率(통솔)
復	회복 복	回復(회복)
	다시 부	復活(부활)

否	아니 부	否定(부정)
	막힐 비	否塞(비색)
北	북녘 북	南北(남북)
	달아날 배	敗北(패배)
寺	절 사	寺院(사원)
	관청 시	太常寺(태상시)
狀	형상 상	狀態(상태)
	문서 장	賞狀(상장)
殺	죽일 살	殺生(살생)
	감할 쇄	相殺(상쇄)
塞	변방 새	要塞(요새)
	막을 색	塞源(색원)
索	찾을 색	思索(사색)
	쓸쓸할 삭	索莫(삭막)
說	말씀 설	說明(설명)
	달랠 세	遊說(유세)
	기쁠 열	說乎(열호)
省	살필 성	反省(반성)
	덜 생	省略(생략)
屬	좇을 속	從屬(종속)
	맡길 촉	屬託(촉탁)
帥	장수 수	元帥(원수)
	거느릴 솔	帥兵(솔병)
數	셀 수	數學(수학)
	자주 삭	頻數(빈삭)
拾	주을 습	拾得(습득)
	열 십	參拾(삼십)

食	먹을 식	食堂(식당)
	밥 사	疏食(소사)
識	알 식	知識(지식)
	기록할 지	標識(표지)
惡	악할 악	善惡(선악)
	미워할 오	憎惡(증오)
易	바꿀 역	交易(교역)
	쉬울 이	容易(용이)
切	끊을 절	切斷(절단)
	모두 체	一切(일체)
直	곧을 직	正直(정직)
	값 치	直錢(치전)
參	참여할 참	參席(참석)
	석 삼	參萬(삼만)
推	밀 추	推理(추리)
	밀 퇴	推敲(퇴고)
則	법 칙	規則(규칙)
	곧 즉	然則(연즉)
暴	사나울 폭	暴死(폭사)
	사나울 포	暴惡(포악)
便	편할 편	便利(편리)
	오줌 변	便所(변소)
行	다닐 행	行路(행로)
	항렬 항	行列(항렬)
畵	그림 화	畵順(획순)
	그을 획	劃順(획순)

教育部選定漢字

教育部選定漢字

第 二 篇

重要結構

교육부선정자

加減	架橋	佳朋	家屋	可憎	價値
가감 : ①더하거나 덞. ②또는 그렇게 하여 알맞게 맞춤. 예加減集計(가감집계)	가교 : 강이나 연못 등에 다리를 놓음. 예架橋工事(가교공사)	가붕 : 서로 우애가 깊은 좋은 벗. 예故鄕佳朋(고향가붕)	가옥 : 사람이 생활하면서 살 수 있는 집. 주택(住宅). 예洋屋家屋(양옥가옥)	가증 : 어떤 이의 말이나 행동 따위가 얄미움. 예態度可憎(태도가증)	가치 : 인간의 욕망을 충족시키는 재화 등의 중요 정도. 예價値尺度(가치척도)

加	減	架	橋	佳	朋	家	屋	可	憎	價	値
더할 가	덜 감	시렁 가	다리 교	아름다울 가	벗 붕	집 가	집 옥	옳을 가	미워할 증	값 가	값 치

오늘의 世界名言

♡ 인간은 조각의 재료가 되는 돌이다. 그것을 가지고 신의 모습으로 조각하든가 악마의 모양을 새기든가, 그것은 각인의 마음 먹기에 달려 있다.
E. 스펜서 : 영국·시인

重要結構 姦

假稱	覺悟	各處	簡單	幹部	姦淫
가칭: 임시 또는 거짓으로 일컬음. 또는 그 명칭. 예假稱呼稱(가칭호칭)	각오: 결심한 것이나 또는 깨달은 마음이 있어 작정함. 예決心覺悟(결심각오)	각처: 여러 곳. 모든 곳. 이곳. 저곳. 예國內各處(국내각처)	간단: 줄거리만 간추리어 짧막함. 간략하고 단순함. 예簡單處理(간단처리)	간부: 기관이나 군대 조직체 등의 책임자나 지휘자. 예幹部會議(간부회의)	간음: 부부가 아닌 남녀의 옳지 못한 성적 관계. 예姦淫犯罪(간음범죄)

거짓 가	일컬을 칭	깨달을 각	깨달을 오	각각 각	곳 처	간략할 간	단위 단	줄기 간	거느릴 부	간음할 간	음란할 음

교육부선정자

重要結構

肝臟	懇切	看護	監督	感謝	甲子
간장: 사람이나 동물의 생식기관의 하나인 간. 例肝臟 肝腸(간장간장)	간절: 간곡하고 지성스러움. 구하는 정도가 절실함. 例懇切付託(간절부탁)	간호: 환자나 병약한 노인이나 어린이를 보살펴 돌봄. 例患者看護(환자간호)	감독: ①보살펴 단속함. ②영화 등의 총연출자. 例映畵監督(영화감독)	감사: ①고마움. ②고맙게 여김. 또는 그러한 느낌. 例感謝表示(감사표시)	갑자: 육십갑자의 첫째. 例甲子史禍(갑자사화)
肝臟	懇切	看護	監督	感謝	甲子
간 간	오장 장	간절할 간	끊을 절	볼 간	보호할 호	감독할 감	감독할 독	느낄 감	사례할 사	갑옷 갑	아들 자

오늘의 世界名言

♡ 인간은 이따금 야수와 같이 표효하는 수도 있고, 때로는 천사처럼 평안함을 얻기도한다.

모로아 : 프랑스·소설가

重要結構

교육부선정자

强硬	講壇	江湖	皆勤	蓋石	改善
강경 : 군세게 버티어 뜻을 굽히지 아니함. 예强硬態度(강경태도)	강단 : 강연·강의·설교 따위를 할 때 올라서도록 만든 단. 예講堂講壇(강당강단)	강호 : ①강과 호수 ②자연. ③세상. 예江湖諸賢(강호제현)	개근 : 학교 등에서 일정기간 동안 하루도 빠짐없이 출석함. 예皆勤賞(개근상)	개석 : ①석실 위에 덮던 돌. ②비석 위에 지붕 모양으로 덮어 얹는 돌.	개선 : 잘못된 점을 고치어 좋게 잘되게 함. 예生活改善(생활개선)

强	硬	講	壇	江	湖	皆	勤	蓋	石	改	善
강할 강	군을 경	강론할 강	단 단	강 강	호수 호	모두 개	부지런할 근	덮을 개	돌 석	고칠 개	착할 선

오늘의 世界名言

♡ 인간은 본시 사회적인 존재여서, 동포의 고난을 무관하게 생각하여, 자기를 완전히 동포에서 떼어놓고 생각하지는 않는다.
힐티 : 스위스·사상가

重要結構

個性	開拓	更訂	距離	去就	健康
개성:다른 사람과 구별되는 그 사람만의 특성. 예個性創出(개성창출)	개척:거친 땅을 일구어 논밭을 만듦. 예開拓精神(개척정신)	갱정:책 따위의 내용을 고치어 바로 잡음.	거리:서로 떨어진 사이의 가깝고 먼 정도. 예距離測定(거리측정)	거취:①사람이 어느 곳을 향하는 동태. ②자신의 입장을 밝히어 취하는 태도.	건강:몸이 아무 탈이 없이 안녕하고 튼튼함. 예健康管理(건강관리)

個性	開拓	更訂	距離	去就	健康
낱 개 / 성품 성	열 개 / 넓힐 척	다시 갱 / 바로잡을 정	떨어질 거 / 떠날 리	갈 거 / 이룰 취	굳셀 건 / 편안할 강

重要結構

교육부선정자

乾坤	儉素	檢疫	激奮	堅固	犬豚
건곤 : 주역에서의 두 가지 괘명. 하늘과 땅. 예乾坤一色(건곤일색)	검소 : 사치하지 아니하고 수수함. 낭비가 없고 검약함. 예儉素家風(검소가풍)	검역 : 전염병의 예방 목적으로 여행자 등에 대하여 검사하고 소독하는 일.	격분 : 어떤 좋지 못한 일로 격노하고 몹시 흥분함. 예激奮激憤(격분격분)	견고 : 굳세고도 단단함. 동요없이 확고함. 예堅固守備(견고수비)	견돈 : 개와 돼지. 매우 평범하고 용렬한 사람을 비유하여 이르는 말.
乾坤	儉素	檢疫	激奮	堅固	犬豚
사건 건　땅　곤	검소할 검　하얀 소	검사할 검　염병 역	격동할 격　떨칠 분	굳을 견　굳을 고	개　견　돼지 돈

重要結構

교육부선정자

絹織	結付	缺如	兼職	謙虛	頃刻
견직:「견직물」의 준말. 명주실로 짠 피륙. 예絹織原緞(견직원단)	결부:무엇을 서로 연관시킴. 어떤 일에 포함시킴. 예結付解決(결부해결)	결여:있어야 할 것이 모자라거나 빠져서 없음. 예資格缺如(자격결여)	겸직:본직 외에 다른 직무를 겸함. 예部長兼職(부장겸직)	겸허:자기를 낮추어 겸손함. 예謙虛態度(겸허태도)	경각:눈 깜박할 동안. 삽시간. 예刹那頃刻(찰나경각)

絹	織	結	付	缺	如	兼	職	謙	虛	頃	刻
비단 견	짤 직	맺을 결	줄 부	이즈러질 결	같을 여	겸할 겸	벼슬 직	겸손할 겸	빌 허	잠깐 경	새길 각

重要結構 景

교육부선정자

景概	經過	競技	京畿	傾斜	敬愛
경개 : 산이나 물 따위의 자연의 모습. 경치(景致). 예 山川景槪(산천경개)	경과 : ①시간이 지나감. ②시간이 지남에 따라 일어나 사물이 변하고 진행되는 과정.	경기 : 일정한 규칙 아래 기량과 기술을 겨루는 일. 예運動競技(운동경기)	경기 : 서울을 중심으로 한 가까운 주위의 지역. 예京畿道廳(경기도청)	경사 : 비스듬히 기울어짐. 또는 기울어진 정도. 예傾斜角度(경사각도)	경애 : 공경하고 사랑함. 예敬愛國民(경애국민)

景概	經過	競技	京畿	傾斜	敬愛
빛 경	대개 개	경서 경	지날 과	다룰 경	재주 기	서울 경	경기 기	기울 경	비낄 사	공경 경	사랑 애

重要結構

교육부선정자

庚午	慶弔	輕重	溪谷	桂冠	啓蒙
경오: 육십 갑자의 일곱째. 예庚午年(경오년)	경조: ①경사스런 일과 궂은 일. ②경사를 축하하고 궂은 일을 위문하는 일.	경중: ①가벼움과 무거움. ②중요함과 중요하지 아니함. 예罪過輕重(죄과경중)	계곡: 물이 흐르는 산 골짜기. 예山中溪谷(산중계곡)	계관: 「월계관(月桂冠)」의 준말. 예桂冠詩人(계관시인)	계몽: 지식 등의 수준이 낮은 사람을 깨우쳐 줌. 예啓蒙思想(계몽사상)

庚	午	慶	弔	輕	重	溪	谷	桂	冠	啓	蒙
천간 경	낮 오	경사 경	조상할 조	가벼울 경	무거울 중	시내 계	골 곡	계수나무 계	갓 관	열 계	어릴 몽

오늘의 世界名言

♡ 어떠한 조건하에서도 인간은 진정한 인간으로써 인간에게 작용한다. 이것의 여하에 인류의 장래가 연결되어 있다.
슈바이처 : 프랑스·신학자

重要結構

교육부선정자

計算	契約	癸酉	季節	枯渴	苦杯

계산 : ①셈하여 헤아림. ②일의 득실을 따짐. ③답을 구함. 예計算錯誤(계산착오)

계약 : ①약정·약속. ②법률적 효과의 발생을 목적으로 하는 쌍방간의 합의 행위.

계유 : 육십 갑자의 열째. 예癸酉靖亂(계유정난)

계절 : 한 해를 봄·여름·가을·겨울로 구분한 시기. 예四季節(사계절)

고갈 : ①물이 말라서 없어짐. ②자원이나 재물 등이 바닥이 남. 예資源枯渴(자원고갈)

고배 : ①쓴 술잔. ②쓰라린 경험을 비유하는 말. 예敗北苦杯(패배고배)

計	算	契	約	癸	酉	季	節	枯	渴	苦	杯
셈할 계	셈할 산	맺을 계	맺을 약	천간 계	닭 유	철 계	마디 절	마를 고	마를 갈	괴로울 고	잔 배

오늘의 世界名言

♡ 우리는 자기자신의 얘기를 할 때 많은 즐거움을 느끼지만 그것을 듣는 사람은 도무지 기쁜 일이 아니라는 것을 알아야 한다.
라 로슈푸코 : 프랑스 모랄리스트

顧問	姑婦	高尚	孤寂	古典	告知
고문 : ①의견을 물음. ②물음을 받고 의견을 제공하는 직책. 예顧問推戴(고문추대)	고부 : 시어머니와 며느리. 예姑婦葛藤(고부갈등)	고상 : 높은 뜻과 몸가짐이 조촐하고 높아서 속됨이 없음. 예人格高尚(인격고상)	고적 : 주위의 사방이 외롭고 쓸쓸함. 예孤寂寂寞(고적적막)	고전 : 옛날에 만들어진 것으로 높이 평가되고 있는 예술 작품. 예古典的(고전적)	고지 : ①게시·글을 통하여 알림. ②어떤 사실·의사를 상대에게 알리는 행위.
顧 問	姑 婦	高 尚	孤 寂	古 典	告 知
돌아볼 고 / 물을 문	시어미 고 / 지어미 부	높을 고 / 오히려 상	외로울 고 / 고요할 적	옛 고 / 법 전	고할 고 / 알 지

오늘의 世界名言

♡ 우리는 우리들 자신을 어떻게 재발견하는 것일까. 어떻게 인간은 자기를 알 수 있을까. 그것은 어두워서 밝혀지지 않는 사실이다.
니체 : 독일 · 시인 · 철학가

重要結構

교육부선정자

考察	鼓吹	故鄕	困窮	骨肉	公卿
고찰:생각하여 살핌. 상고하여 보살핌. 예史的考察(사적고찰)	고취:의견이나 사상 등을 열렬히 주장하여 불어넣음. 예思想鼓吹(사상고취)	고향:자기가 태어나고 자란 곳. 조상이 오래 누리어 살던 곳. 반他鄕(타향)	곤궁:가난하고 구차함. 예生計困窮(생계곤궁)	골육:뼈와 살. 부자(父子)나 형제 등의 육친(肉親). 예骨肉相爭(골육상쟁)	공경:①삼공(三公)과 구경(九經). ②고관(高官)의 총칭. 예公卿大夫(공경대부)
考察	鼓吹	故鄕	困窮	骨肉	公卿
상고할 고	살필 찰	북 고	불 취	연고 고	고을 향	곤할 곤	궁할 궁	뼈 골	고기 육	공변될공	벼슬 경

重要結構

교육부선정자

供給	恭惟	共存	恐怖	貢獻	寡聞
공급: 교환이나 판매 목적으로 상품 등을 제공함. 예需要供給(수요공급)	공유: 공경하여 생각함. 삼가 생각함.	공존: ①함께 존재함. ②함께 도우며 살아감. 예共存共榮(공존공영)	공포: 두렵고 무서움. 예納涼恐怖(납량공포)	공헌: 어떤 일이나 단체 등을 위해서 힘을 써 이바지함. 예貢獻度(공헌도)	과문: 견문이 좁음. 예寡聞理由(과문이유)

供	給	恭	惟	共	存	恐	怖	貢	獻	寡	聞
이바지 공	줄 급	공손할 공	생각할 유	함께 공	있을 존	두려울 공	두려워할 포	바칠 공	드릴 헌	적을 과	들을 문

重要結構

교육부선정자

果樹	誇張	科程	關係	貫斤	觀覽
과수 : 먹을 수 있는 열매를 거두기 위하여 가꾸는 나무. 예果樹園地(과수원지)	과장 : 어떤 사실이나 사물을 실지보다 크게 나타냄. 예誇張表現(과장표현)	과정 : 「학과과정(學科課程)」의 준말. 예科程履修(과정이수)	관계 : 둘 이상의 사물·현상·동작 등이 서로 얽힘. 예關係維持(관계유지)	관근 : 무게의 단위로써 1관은 3.75Kg, 1근은 600g. 예貫斤斗升(관근두승)	관람 : 연극·영화·운동 경기 따위를 구경함. 예映畫觀覽(영화관람)

果	樹	誇	張	科	程	關	係	貫	斤	觀	覽
과실 과	나무 수	자랑할 과	베풀 장	과목 과	과정 정	빗장 관	맬 계	관 관	근 근	볼 관	볼 람

教育部選定漢字 重要結構 寬

慣例	寬裕	官廳	管絃	廣場	光輝
관례: 습관처럼 된 선례(先例). 예國際慣例(국제관례)	관유: 마음이 크고 너그러움. 예豊裕寬裕(풍유관유)	관청: 국가 기관의 사무를 관장하는 청사. 예行政官廳(행정관청)	관현: 관악기와 현악기. 예管絃樂團(관현악단)	광장: 공공의 목적을 위하여 너르게 만든 마당. 예驛前廣場(역전광장)	광휘: 눈이 부시도록 휘황하여 아름답게 빛나는 빛. 예光輝燦爛(광휘찬)

慣	例	寬	裕	官	廳	管	絃	廣	場	光	輝
익숙할 관	법 례	관용 관	넉넉할 유	벼슬 관	관청 청	대롱 관	악기줄 현	넓을 광	마당 장	빛 광	빛날 휘

교육부선정자

重要結構

교육부선정자

掛圖	巧妙	交涉	教育	校庭	矯正
괘도:벽 등에 걸어 놓고 보는 학습용 그림이나 지도. 예 國史掛圖(국사괘도)	교묘:솜씨나 꾀 등이 재치가 있고 오묘함. 예 巧妙方法(교묘방법)	교섭:어떤 일을 성사 시키기 위해서 서로 의논하고 절충함. 예 交涉團體(교섭단체)	교육:인간의 심신과 인격과 학문 따위를 가르치고 지도하는 일. 예 教育界(교육계)	교정:학교의 마당. 또는 운동장. 예 學校校庭(학교교정)	교정:①틀어지거나 굽은 것을 곧게 바로잡음. ②교도소나 소년원 등의 업무.

掛圖		巧妙		交涉		教育		校庭		矯正	
걸 괘	그림 도	공교할 교	묘할 묘	사귈 교	물건널 섭	가르칠 교	기를 육	학교 교	뜰 정	바로잡을 교	바를 정

교육부선정자

重要結構

拘禁	丘陵	口鼻	區域	俱全	救濟
구금: 피고인 또는 피의자를 구치소나 교도소 등에 가두어 신체를 구속하는 일.	구릉: 언덕. 예海岸丘陵(해안구릉)	구비:사람이나 동물 등의 입과 코. 예耳目口鼻(이목구비)	구역: 갈라 놓은 지역이나 범위. 예配置區域(배치구역)	구전:①없는 것 없이 넉넉함. ②이것 저것 모두 다 갖추고 있음.	구제: 불행·재해 등을 만난 사람들을 도와 줌. 예支援救濟(지원구제)

拘	禁	丘	陵	口	鼻	區	域	俱	全	救	濟
잡을 구	금할 금	언덕 구	무덤 릉	입 구	코 비	구역 구	지경 역	함께 구	온전할 전	구원할 구	구제할 제

| 拘 | 禁 | 丘 | 陵 | 口 | 鼻 | 區 | 域 | 俱 | 全 | 救 | 濟 |

오늘의 世界名言

♡ 나는 인간다운 일은 무엇이라도 행한다. 왜냐하면 그 이상의 일을 하면 인간이 되지 않기 때문에.
세익스피어 : 영국·시인·극작가

重要結構

교육부선정자

構造	苟且	驅逐	群島	軍糧	君臣
구조 : 몇 개의 재료를 얽어서 하나의 것으로 만듦. 예建物構造(건물구조)	구차 : 군색스럽고 구구함. 가난함. 예苟且辨明(구차변명)	구축 : 적이나 침략자 등을 몰아서 쫓아 냄. 예驅逐艦隊(구축함대)	군도 : 무리를 지어 흩어져 있는 크고 작은 섬들. 예多島群島(다도군도)	군량 : 군대의 양식. 군인들에게 먹일 양식. 예軍糧調達(군량조달)	군신 : 임금과 신하. 예君臣有義(군신유의)

構	造	苟	且	驅	逐	群	島	軍	糧	君	臣
얽을 구	지을 조	구차할 구	또 차	몰 구	쫓을 축	무리 군	섬 도	군사 군	양식 량	임금 군	신하 신

오늘의 世界名言

♡ 인간은 박해를 가해올 것이라고 생각한 자로부터 은혜를 입으면 보다 강한 의리(義理)를 느낀다.

마키아벨리 : 이탈리아
역사학자 · 정치이론가

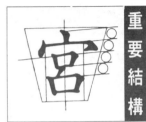

重要結構

屈折	宮廷	勸誘	拳鬪	厥尾	龜鑑
굴절:빛이나 소리가 휘어서 꺾임. 예屈折角度(굴절각도)	궁정:궁궐. 궁중. 임금이 거처하는 집. 대궐. 예宮廷文學(궁정문학)	권유:어떤 일 따위를 권하여 하도록 함. 예進學勸誘(진학권유)	권투:양손에 글러브를 끼고 주먹으로 공격·방어하는 경기. 예拳鬪競技(권투경기)	궐미:그 꼬리. 그것의 끝.	귀감:거울삼아 본받을 만한 모범. 예他人龜鑑(타인귀감)

屈	折	宮	廷	勸	誘	拳	鬪	厥	尾	龜	鑑
굽을 굴	꺾을 절	궁궐 궁	조정 정	권할 권	꾀일 유	주먹 권	싸울 투	그 궐	꼬리 미	거북이 귀	살필 감

오늘의 世界名言

♡ 삶이 꿈이고 죽음이 깨달음이라면, 내가 다른 것으로부터 특별하게 취급을 받는 존재라고 생각하는 사실도 역시 꿈이다.
쇼펜하우워 : 독일·철학자

교육부선정자

歸省	鬼神	貴賤	閨房	規範	克服
귀성 : 타향·객지에서 고향으로 돌아가거나 돌아옴. 예歸省人波(귀성인파)	귀신 : ①죽은 사람의 혼령. ②남보다 탁월한 재주가 있는 사람을 비유한 말.	귀천 : 귀함과 천함. 존귀함과 비천함. 예職業貴賤(직업귀천)	규방 : ①부녀자가 거처하는 방. ②안방. 예閨房文學(규방문학)	규범 : ①본보기. 법식(法式). ②행위·판단·평가 등의 기준이 되는 것.	극복 : 악조건이나 고생 따위를 이겨냄. 예早期克服(조기극복)
歸省	鬼神	貴賤	閨房	規範	克服
돌아올 귀 / 살필 성	귀신 귀 / 귀신 신	귀할 귀 / 천할 천	안방 규 / 방 방	법 규 / 법 범	이길 극 / 옷 복

重要結構

近郊	僅少	謹愼	根源	金塊	禽獸
근교: 도시의 가까운 변두리에 있는 마을이나 들. 예首都近郊(수도근교)	근소: 아주 적음. 아주 작은 차이. 예僅少差異(근소차이)	근신: 일정기간 출근·등교 등을 아니하고 언행을 삼가함. 예謹愼處分(근신처분)	근원: ①물줄기가 나오기 시작한 곳. ②사물이 비롯되는 본바탕. 예根源的(근원적)	금괴: ①금덩이. ②금화의 거금. 예金塊奪取(금괴탈취)	금수: 날짐승과 길짐승. 모든 짐승. 예禽獸魚鳥(금수어조)

近	郊	僅	少	謹	愼	根	源	金	塊	禽	獸
가까울 근	들 교	겨우 근	적을 소	삼가할 근	삼갈 신	뿌리 근	근심 원	쇠 금	흙덩이 괴	날짐승 금	길짐승 수

오늘의 世界名言

♡ 인생의 처음 사십년은 우리에게 「시험」을 준다. 그리고 이후 삼십년간은 「시험」에 대한 주석을 해 준다.

쇼펜하우어 : 독일 · 철학자

重要結構

교육부선정자

錦衣	急速	及第	豈敢	紀綱	機械
금의 : 비단으로 만든 고급스런 옷. 비단옷. 예錦衣還鄉(금의환향)	급속 : 사물의 발생이나 진행 등이 몹시 빠름. 예急速伸張(급속신장)	급제 : ①과거에 합격함. ②시험에 합격함. 예科擧及第(과거급제)	기감 : 어찌 감히.	기강 : 기율(紀律)과 법강(法綱). 예紀綱確立(기강확립)	기계 : 동력에 의해 어떤 운동을 일으켜 유용한 일을 하는 도구.
錦 衣	急 速	及 第	豈 敢	紀 綱	機 械
비단 금 / 옷 의	급할 급 / 빠를 속	미칠 급 / 차례 제	어찌 기 / 구태여 감	기강 기 / 벼리 강	틀 기 / 기계 계

오늘의 世界名言

♡ 삶이 비참한 것이면 참고 견디겠다. 만약 그것이 행복이라면 잃을 까 두렵다. 어느 것도 어려운 것은 마찬가지다. 라

브르이에르 : 프랑스·모랄리스트

重要結構

교육부선정자

寄稿	騎馬	起伏	飢餓	奇巖	己巳
기고 : 신문·잡지 등에 싣기 위하여 원고를 써서 보냄. 예匿名寄稿(익명기고)	기마 : ①말을 탐. ②타는 말. 예騎馬姿勢(기마자세)	기복 : ①자세의 높낮이. ②일어남과 엎드림. 예禍福起伏(화복기복)	기아 : 굶주림. 먹을 양식이 없어 굶주림. 예飢餓輸出(기아수출)	기암 : 기이하고 묘하게 생긴 바위. 예奇岩怪石(기암괴석)	기사 : 육십 갑자의 여섯째. 예己巳年(기사년)

寄	稿	騎	馬	起	伏	飢	餓	奇	巖	己	巳
붙을 기	볏짚 고	말탈 기	말 마	일어날 기	엎드릴 복	주릴 기	주릴 아	기이할 기	바위 암	몸 기	뱀 사
宀欠司	禾亠高口	馬斤奇	馬灬	土人己	亻人	食几	食我戈	大可口	山口敢	乛乚	乛乚
寄	稿	騎	馬	起	伏	飢	餓	奇	岩	己	巳

오늘의 世界名言

♡ 인생은 여러가지 색 유리로 만든 둥근 천정과 같이 흰빛을 발산한다. 죽음이 그것을 산산 조각으로 만들 때까지.

셸리 : 프랑스 · 철학가

교육부선정자

記憶	旣往	祈願	忌祭	基礎	其他
기억:인상이나 경험을 의식속에 간직하거나 다시 생각해 냄. 예記憶力(기억력)	기왕:지금보다 이전. 이미. 이왕(已往). 예旣往之事(기왕지사)	기원:바라는 일이 이루어지기를 비는 것. 예無事祈願(무사기원)	기제:탈상 뒤에 해마다 죽은 날에 지내는 제사. 예忌祭祀(기제사)	기초:사물의 기본이 되는 토대. 예基礎工事(기초공사)	기타:어떤 사물들 이외의 또 다른 것. 예其他事項(기타사항)
記憶	旣往	祈願	忌祭	基礎	其他
기록할 기 / 생각할 억	이미 기 / 갈 왕	빌 기 / 원할 원	꺼릴 기 / 제사 제	터 기 / 주춧돌 초	그 기 / 다를 타

오늘의 世界名言

♡ 시간의 흐름에는 세 가지가 있다. 미래(未來)는 주저하면서 다가오고, 현재는 화살같이 날아가고, 과거는 영원히 정지하고 있다.
실러 : 독일·시인·극작가

重要結構

期限	企劃	緊迫	吉凶	那邊	煖爐
기한: ①미리 한정하여 놓은 시기. ②어느 때까지로 기약함. 예期限約定(기한약정)	기획: 어떤 목적하에 일을 꾸미어 계획함. 예企劃室長(기획실장)	긴박: 몹시 급박함. 어떤 곳의 상황이 몹시 조급함. 예緊迫感(긴박감)	길흉: 길함과 흉함. 좋은 일과 흉한 일. 예吉凶禍福(길흉화복)	나변: 어디. 어느 곳. 원인의 곳. 예敗因那邊(패인나변)	난로: 방안을 덥게 하는 기구. 스토브. 예石油煖爐(석유난로)
기약 기 / 한정 한	꾀할 기 / 그을 획	긴요할 긴 / 핍박할 박	길할 길 / 흉할 흉	어찌 나 / 변두리 변	따뜻할 난 / 화로 로

重要結構

교육부선정자

欄干	爛熟	藍色	男湯	南向	納涼
난간 : 다리 또는 층계 등의 가장자리에 나무나 쇠로 가로질러 놓은 살대.	난숙 : 무르녹도록 익음. 더할나위없이 충분히 발달·성숙함.	남색 : 남빛. 푸른 빛과 자줏빛의 중간 빛. 쪽빛. 예藍色衣服(남색의복)	남탕 : 남자만이 사용할 수 있는 공중 목욕탕. 예男湯脫衣(남탕탈의)	남향 : 남쪽으로 향함. 주택 등이 남쪽으로 향해 있음. 예南向住宅(남향주택)	납량 : 여름철에 더위를 피하여 서늘함을 맛봄. 예納涼特輯(남량특집)
欄	干	爛	熟	藍	色	男	湯	南	向	納	涼
난간 란	방패 간	빛날 란	익을 숙	푸를 람	빛 색	사내 남	끓일 탕	남녘 남	향할 향	들일 납	서늘할 량

重要結構

교육부선정자

内陸	乃至	奈何	冷凍	努力	奴婢
내륙:바다에서 멀리 떨어진 지대. 육지(陸地). 예内陸地方(내륙지방)	내지:수량 등의 사이에 쓰이는 말로 얼마에서 얼마까지의 뜻을 나타내는 말.	내 하 : 어찌 함. 예奈何何等(내하하등)	냉동 : 생선·채소·육류 등을 신선하게 보관하기 위하여 인공적으로 얼림.	노력:힘을 들이고 애를 씀. 또는 어떤 곳에 들인 힘. 예忍耐努力(인내노력)	노비:사내종과 계집종의 총칭. 종. 예奴婢文書(노비문서)

内	陸	乃	至	奈	何	冷	凍	努	力	奴	婢
안 내	뭍 륙	이에 내	이를 지	어찌 내	어찌 하	찰 랭	얼 동	힘쓸 노	힘 력	종 노	계집종 비

오늘의 世界名言

♡ 음주는 일시적인 자살이다. 음주가 주는 행복은 오직 소극적인 것, 불행의 일시적인 중절에 지나지 않다.
러셀 : 영국·철학자·평론가

重要結構

교육부선정자

怒潮	鹿角	綠豆	錄音	論之	濃墨
노조:힘차게 밀어닥치는 조류(潮流). 예怒潮大軍(노조대군)	녹각:사슴의 뿔. 한방에서 약재로 쓰이는 녹용의 원료. 예鹿角鹿茸(녹각녹용)	녹두:콩과의 한해살이 재배 식물. 열매는 팥보다 작고 녹색임. 예綠豆豆太(녹두두태)	녹음:영화 필름·레코드·테이프 등에 소리를 기록하여 넣음. 예錄音放送(녹음방송)	논지:따지어 말함. 사리를 판단하여 설명함.	농묵:걸쭉하고 진한 먹물. 짙은 먹물.

怒	潮	鹿	角	綠	豆	錄	音	論	之	濃	墨
성낼 노	조수 조	사슴 록	뿔 각	초록빛 록	콩 두	기록할 록	소리 음	의논할 론	갈 지	짙을 농	먹 묵

重要結構

교육부선정자

累卯	屢朔	漏電	能率	團束	但只
누란 : 쌓거나 포개 놓은 알이란 뜻으로 매우 위태한 형편. 예累卵之勢(누란지세)	누삭 : 여러 달. 누월(屢月).	누전 : 전기 기구의 전류가 다른 곳으로 새어 흐름. 예漏電火災(누전화재)	능률 : 일정한 시간에 어떤 것을 해낼 수 있는 일의 비율. 예能率效果(능률효과)	단속 : ①주의를 기울이어 다잡거나 보살핌. ②규칙 등을 지키도록 통제함.	단지 : 다만. 겨우. 오직. 예但只參席(단지참석)

累	卯	屢	朔	漏	電	能	率	團	束	但	只
여러 루	알 란	자주 루	초하루 삭	샐 루	번개 전	능할 능	헤아릴 률	둥글 단	묶을 속	다만 단	다만 지

累	卯	屢	朔	漏	電	能	率	團	束	但	只

重要結構

교육부선정자

擔保	淡彩	畓農	踏襲	黨員	隊列
담보 : ①맡아서 보증함. ②채무자가 채무 이행을 못할 경우를 대비해 맡기는 것.	담채 : 엷게 색칠한 채색. 엷은 채색. 예淡彩水彩(담채수채)	답농 : 논농사. 논에 씨앗을 뿌려 농작물을 기르는 농사. 예田農畓農(전농답농)	답습 : ①뒤를 이어 맡음. ②옛것을 좇아 그대로 함. 예踏襲前轍(답습전철)	당원 : 당파를 이룬 사람들. 곧 그 당의 당적을 가진 사람. 예黨員加入(당원가입)	대열 : 대를 지어 죽 늘어선 행렬. 예行軍隊列(행군대열)
擔 保	淡 彩	畓 農	踏 襲	黨 員	隊 列
질 담 / 보전할 보	붉을 담 / 무늬 채	논 답 / 농사 농	밟을 답 / 엄습할 습	무리 당 / 인원 원	떼 대 / 벌일 렬

擔	保	淡	彩	畓	農	踏	襲	黨	員	隊	列
擔	保	淡	彩	畓	農	踏	襲	黨	員	隊	列

重要結構

挑

교육부선정자

待遇	對替	大韓	陶器	跳梁	桃李
대우 : 예의를 갖추어 대함. 직장 등에서 지위·봉급 따위의 수준. 예特待遇(특대우)	대체 : 어떤 계정의 금액을 다른 계정으로 옮기어 적는 것. 예對替計定(대체계정)	대한 : 「대한제국」또는 「대한민국」의 준말. 예大韓健兒(대한건아)	도기 : 오지 그릇. 약간 구운 다음 오짓물을 입혀 다시 구운 질그릇.	도량 : 거리낌 없이 함부로 날뛰어 다님. 예跳梁挑戰(도량도전)	도리 : 복숭아와 자두. 또는 그 꽃이나 열매. 예桃李梨花(도리이화)

待	遇	對	替	大	韓	陶	器	跳	梁	桃	李
기다릴 대	만날 우	대할 대	바꿀 체	큰 대	나라 한	질그릇 도	그릇 기	뛸 도	들보 량	복숭아 도	오얏 리

重要結構

교육부선정자

都賣	道義	盜賊	挑戰	到着	倒置
도매 : 물건 등을 도거리로 팖. 예都賣商街(도매상가)	도의 : 사람이 마땅히 행해야 할 도덕적 의리. 예人間道理(인간도리)	도적 : 도둑. 남의 물건을 훔치거나 빼앗는 나쁜 짓. 또는 그 사람.	도전 : ①정면으로 맞서 싸움을 걺. ②어려움 따위에 맞섬. 예挑戰精神(도전정신)	도착 : 목적한 곳의 행선지(行先地)에 다다름. 예到着時間(도착시간)	도치 : 차례 또는 위치가 뒤바뀜. 또는 그리 되게 함. 예倒置構文(도치구문)

都	賣	道	義	盜	賊	挑	戰	到	着	倒	置
도읍 도	팔 매	길 도	옳을 의	도둑 도	도둑 적	돋을 도	싸움 전	이를 도	붙을 착	넘어질 도	둘 치

敎育部選定漢字

重要結構

교육부선정자

逃避	渡航	毒蛇	敦篤	洞里	冬柏
도피 : 도망하여 몸을 피함. 현실에 뜻이 맞지 않아 피함. 예逃避生活(도피생활)	도항 : 배로 바다를 건너감. 예大洋渡航(대양도항)	독사 : 독이 있는 뱀. 예毒蛇操心(독사조심)	돈독 : 인정이 서로 두터움. 돈후(敦厚). 예友愛敦篤(우애돈독)	동리 : ①지방 행정 구역상의 동(洞)과 리(里). ②시골의 마을. 예故鄕洞里(고향동리)	동백 : ①동백나무의 열매. ②「동백나무」의 준말 예冬柏柏子(동백백자)

逃	避	渡	航	毒	蛇	敦	篤	洞	里	冬	柏
달아날 도	피할 피	건널 도	배 항	독할 독	뱀 사	두터울 돈	두터울 독	고을 동	마을 리	겨울 동	잣나무 백

오늘의 世界名言

♡ 사랑이란, 하늘로 우리를 이끌어가는 별이며, 메마른 황야에 있는 녹색의 한점이며, 회색의 모래 속에 섞인 한 알의 금이다.

할름 : 독일 · 시인

重要結構 斗

교육부선정자

東西	同胞	頭腦	斗升	鈍才	等級
동서:①동쪽과 서쪽. 동양과 서양. ②공산권과 자유진영. 예東西古今(동서고금)	동포:①형제 자매. 동기(同氣). ②같은 겨레. 예在美同胞(재미동포)	두뇌:사물을 슬기롭게 판단하고 인식하는 힘. 예明哲頭腦(명석두뇌)	두승:곡식 등의 양을 재는 단위로 말과 되. 예貫斤斗升(관근두승)	둔재:재주가 둔함. 또는 그러한 사람. 예鈍才努力(둔재노력)	등급:높고 낮음, 좋고 나쁨 등의 차이를 여럿으로 구별한 급수. 예等級別(등급별)

東	西	同	胞	頭	腦	斗	升	鈍	才	等	級
동녘 동	서녘 서	한가지 동	태 포	머리 두	머릿골 뇌	말 두	되 승	무딜 둔	재주 재	무리 등	등급 급

오늘의 世界名言

♡ 사랑은 타오르는 불길이며, 앞을 비추는 광명이라야 한다. 타오르는 사랑은 흔하다. 그러나 불길이 꺼지면 무엇에 의지할 것인가.
바이런 : 영국·낭만파 시인

重要結構

莫

莫逆	萬般	蠻夷	滿足	罔極	茫漠
막역:서로 허물없이 매우 친하게 지내는 사이 圆莫逆親舊(막역친구)	만반:관계되는 모든 사항. 온갖 것. 빠짐없이 전부. 圆萬般準備(만반준비)	만이:옛 중국인들이 남·동쪽에 사는 다른 종족을 오랑캐라고 이르던 말.	만족:어떤 상황 따위로 마음이 흡족한 상태. 圆滿足充足(만족충족)	망극:어버이나 임금의 은혜가 그지없거나 슬픔의 정도가 그지없음.	망막:①멀고도 넓음. ②또렷한 한계가 없이 아득함. 圆茫漠處地(망막처

莫	逆	萬	般	蠻	夷	滿	足	罔	極	茫	漠
없을 막	거스릴 역	일만 만	일반 반	오랑케 만	오랑케 이	찰 만	발 족	없을 망	지극할 극	망망할 망	사막 막

重要結構

교육부선정자

妄辯	忘恩	媒介	梅蘭	埋藏	賣盡
망변 : 망령되거나 조리에 닿지 아니하게 변론함. 예日人妄辯(일인망변)	망은 : 지난날 입은 은혜를 잊음. 그 은혜를 모름. 예忘恩背信(망은배신)	매개 : 중간에서 양편의 관계를 맺어 주는 사물. 예媒介物質(매개물질)	매란 : 매화와 난초. 예松竹梅蘭(송죽매란)	매장 : ①광물·보물 따위가 묻히어 있음. ②묻어서 감춤. 예埋藏物量(매장물량)	매진 : 극장표나 기차표 따위가 남김 없이 다 팔림. 예賣票賣盡(매표매진)

妄	辯	忘	恩	媒	介	梅	蘭	埋	藏	賣	盡
망령될 망	말잘할 변	잊을 망	은혜 은	중매 매	낄 개	매화 매	난초 란	묻을 매	감출 장	팔 매	다할 진

重要結構

교육부선정자

每回	盲點	猛虎	綿絲	勉學	滅裂
매회 : 매번(每番). 한 회마다. 예每回賣盡(매회매진)	맹점 : 미처 알아차리거나 깨닫지 못한 허점(虛點). 예盲點把握(맹점파악)	맹호 : 몹시 사나운 범. 예猛虎部隊(맹호부대)	면사 : 방직에 쓰는 겹드리지 아니한 무명실. 목면사(木綿絲). 예綿絲紡績(면사방적)	면학 : 학문에 힘씀. 힘써 배움. 예勉學督勵(면학독려)	멸렬 : 찢기고 흩어져 완전히 형태를 잃어버림. 예支離滅裂(지리멸렬)

每	回	盲	點	猛	虎	綿	絲	勉	學	滅	裂
매양 매	돌아올 회	소경 맹	점 점	사나울 맹	범 호	솜 면	실 사	힘쓸 면	배울 학	멸할 멸	찢을 렬

重要結構

某

교육부선정자

命令	冥府	明暗	某娘	毛髮	模倣
명령 : 윗사람이 아랫사람에게 지시하거나 시키는 것. 예 命令下達(명령하달)	명부 : 불가(佛家)에서 말하는 저승을 일컬음. 예 九泉冥府(구천명부)	명암 : ①밝음과 어둠. ②행과 불행. ③기쁨과 슬픔. ④호화 등에서 색의 농담(濃淡).	모낭 : 아무개 낭자. 예 某氏某娘(모씨모낭)	모발 : ①사람의 머리털. ②사람 몸에 있는 터럭의 총칭. 예 毛髮染色(모발염색)	모방 : 다른 것을 본뜨거나 본받음. 예 流行模倣(유행모방)

命	令	冥	府	明	暗	某	娘	毛	髮	模	倣
목숨 명	명령할 령	어두울 명	마을 부	밝을 명	어두울 암	아무 모	각시 낭	털 모	머리털 발	법 모	본받을 방

命	令	冥	府	明	暗	某	娘	毛	髮	模	倣

教育部選定漢字

重要結構

謀

교육부선정자

謀士	矛盾	貌樣	募集	沐浴	牧畜
모사 : 어떤 상황에서 꾀를 내어 일이 잘 이루어지게 하는 사람. 책사(策士).	모순 : 서로 대립하여 양립하지 못하는 상태. 예矛盾論理(모순논리)	모양 : 겉으로 나타나는 생김새나 형상·모습·차림새·맵시 따위의 생김새.	모집 : 조건에 맞는 사람이나 작품 따위를 구하여 모음. 예人才募集(인재모집)	목욕 : 온 몸에 물을 적셔서 씻는 일. 예沐浴齋戒(목욕재계)	목축 : 영농(營農)의 일부로써 소·돼지·양 등의 가축을 기르는 일. 예牧畜業(목축업)

謀	士	矛	盾	貌	樣	募	集	沐	浴	牧	畜
꾀할 모	선비 사	창 모	방패 순	모양 모	모양 양	뽑을 모	모을 집	머리감을 목	목욕할 욕	기를 목	가축 축
言坫水	ㅡ丨	ㄱ小丿	ㄱㅡ丨�儿	夕ヘ光	木夷水	士大기	隹小八	氵ㄱ八	氵ㄱ人ㅁ	ㅂ丿夂	亠幺田
謀	士	矛	盾	貌	樣	募	集	沐	浴	牧	畜

重要結構

교육부선정자

오늘의 世界名言

♡ 에로스는 모든 신 중에서 인간의 최대의 벗이며, 인류의 구조자이며, 모든 고뇌를 치료하는 의사이다.

플라톤 : 그리스·철학자

夢遊	苗板	無妨	霧散	茂盛	貿易
몽유: 꿈속에서 놂. 몽유병이 있는 사람이 꿈속에서 노니는 것처럼 배회함.	묘판: 볍씨를 뿌리어 모를 기르는 모판. 못자리. 예苗床苗板(묘상묘판)	무방: 거리낄 것이 없음. 해로울 것이 없음. 괜찮음. 예參席無妨(참석무방)	무산: 안개가 걷히듯 흩어져 없어짐. 무효(無效)가 됨. 예計劃霧散(계획무산)	무성: 나무나 풀 따위가 많이 나서 빽빽히 우거짐. 예草木茂盛(초목무성)	무역: 국내외에 상품 등을 교환·매매하는 경제적 활동. 예貿易收支(무역수지)

夢	遊	苗	板	無	妨	霧	散	茂	盛	貿	易
꿈 몽	놀 유	싹 묘	널 판	없을 무	방해할 방	안개 무	흩을 산	무성할 무	성할 성	무역할 무	바꿀 역

오늘의 世界名言

♡ 애인들 사이의 싸움에서, 자기가 더 잘 못했다고 언제나 인정하려고 하는 것은 가장 강하게 사랑하고 있음이다.

스코트 : 영국·소설가·시인

重要結構

戊辰	門眾	文化	勿驚	眉間	微小
무진 : 육십 갑자의 다섯째. 예戊辰年(무진년)	문중 : 한 종문(宗門)에 속하는 사람들. 종가의 문중(門中). 예門眾門中(문중문중)	문화 : 진리를 구하고 진보·향상을 꾀하는 인간의 물질적·정신적 소산의 총체.	물경 : 「놀랍게도」의 뜻으로 어떤 엄청난 것을 말할 때 내세우는 말.	미간 : 사람이나 동물의 두 눈썹 사이. 「양미간(兩眉間)」의 준말.	미소 : 아주 작음. 아주 미미하게 작음. 예微小微少微笑(미소미소미소)

戊	辰	門	眾	文	化	勿	驚	眉	間	微	小
천간 무	별 진	문 문	무리 중	글월 문	될 화	말 물	놀랄 경	눈썹 미	사이 간	작을 미	작을 소

重要結構

教育部選定字

美術	迷惑	民謠	蜜蜂	拍掌	叛徒
미술:미(美)를 조형적으로 형상화하는 그림·조각·건축·공예 따위의 예술.	미혹:무엇에 흘려서 정신을 차리지 못함. 예誘惑迷惑(유혹미혹)	민요:민중 속에서 자연적으로 발생하여 전하는 한 민족의 감성을 나타낸 노래.	밀봉:꿀벌. 꿀벌과의 곤충. 몸빛은 어두운 갈색이며 날개는 회고 투명함.	박장:손바닥을 침. 손바닥을 맞부딪침. 예拍掌大笑(박장대소)	반도:반란을 꾀하거나 그 일에 참여한 무리. 예叛徒降服(반도항복)

美	術	迷	惑	民	謠	蜜	蜂	拍	掌	叛	徒
아름다울 미	재주 술	미혹할 미	의혹 혹	백성 민	노래 요	꿀 밀	벌 봉	칠 박	손바닥 장	배반할 반	무리 도

重要結構

오늘의 世界名言

♡ 사람은 증오로서 많은 일을 할 수 있다. 그러나 사랑에 의해서 더 많은 일을 할 수 있다.
 - 세익스피어 · 영국 · 시인 · 극작가

교육부선정자

班常	返送	飯店	發祥	傍系	芳草
반상: 양반과 상민(常民). 양반과 일반 평민. 예班常嫡庶(반상적서)	반송: 도로 돌려보냄. 환송(還送). 예書類返送(서류반송)	반점:「식당(食堂)」의 중국식 일컬음. 예中國飯店(중국반점)	발상: 상서로운 일이나 행복의 조짐이 나타남. 문화 등이 처음으로 일어난 곳.	방계: 직계(直系)에서 갈라져 나온 계통. 예傍系會社(방계회사)	방초: 꽃다운 풀. 향기로운 풀. 예綠陰芳草(녹음방초)

班	常	返	送	飯	店	發	祥	傍	系	芳	草
나눌 반	항상 상	돌아올 반	보낼 송	밥 반	가게 점	필 발	상서로울 상	곁 방	이을 계	꽃다울 방	풀 초

班	常	返	送	飯	店	發	祥	傍	系	芳	草

重要結構

配

교육부선정자

排球	倍數	配偶	伯仲	煩惱	繁昌
배구:손만을 써서 공을 네트로 넘겨 상대팀의 실책을 유도하는 구기.	배수:갑절이 되는 수. 배가 되는 수나 수량. 예倍數倍加(배수배가)	배우:배필(配匹). 부부로서의 짝. 예配偶者(배우자)	백중:재주·기술 따위가 서로 엇비슷하여 우열을 가리기가 어려움.	번뇌:마음이 어떤 번거로움에 시달려 괴로워 하는 상태. 예煩惱葛藤(번뇌갈등)	번창:어떤 일이 한창 잘되어 번성함. 예事業繁昌(사업번창)

排	球	倍	數	配	偶	伯	仲	煩	惱	繁	昌
물리칠 배	구슬 구	곱 배	셀 수	짝 배	짝 우	맏 백	버금 중	번거로울 번	번뇌할 뇌	성할 번	창성할 창

오늘의 世界名言

♡ 내가 친구로 삼고 싶은 사나이는, 우정의 노여움을 각오하고 직언하는 인간이다. 형제와 같이 친구의 잘못을 용서 해주는 인간이다.
테오그니스 : 그리스·시인

重要結構

교육부선정자

飜譯	汎濫	犯罪	碧海	辨別	變遷
번역:어떤 언어의 글을 다른 언어의 글로 옮김. 예日語飜譯(일어번역)	범람:①물이 넘쳐 흐름. ②바람직하지 못한 일들이 마구 쏟아져 나와 나돎.	범죄:법에 어긋나는 나쁜 일이나 죄를 저지름. 예犯罪申告(범죄신고)	벽해:짙푸른 바다. 예島嶼碧海(도서벽해)	변 별:①시비(是非)·선악(善惡)을 가림. ②분별(分別). 예辨別學習(변별학습)	변천:세월의 흐름으로 변하여 바뀜. 예歷史變遷(역사변천)

飜	譯	汎	濫	犯	罪	碧	海	辨	別	變	遷
번역할 번	통역할 역	넘칠 범	넘칠 람	범할 범	허물 죄	푸를 벽	바다 해	분별할 변	다를 별	변할 변	옮길 천

飜	譯	汎	濫	犯	罪	碧	海	辨	別	變	遷

오늘의 世界名言

♡ 우정이란 인간사회의 커다란 사슬이다. 그리고 편지는 그 사슬의 가장 중요한 고리의 하나이다.
제임스 호오엘 : 영국·지질학자

教育部選定漢字

重要結構 病

교육부선정자

丙寅	病蟲	補償	普遍	復舊	福券
병인:육십 갑자의 셋째. 예丙寅洋擾(병인양요)	병충:병해(病害)를 일으키는 벌레. 예病蟲害防除(병충해방제)	보상:남에게 끼친 손해를 갚음. 열등의식의 심신에 보충하려고 하는 마음의 작용	보편:모든 것에 두루 미치거나 통함. 예普遍安當(보편타당)	복구:①그 전의 상태로 회복함. ②손실을 회복함. 예復舊事業(복구사업)	복권:제비를 뽑아 당첨되면 상금이나 그밖의 이득을 받게되는 표찰 따위.

丙	寅	病	蟲	補	償	普	遍	復	舊	福	券
남녘 병	범 인	병들 병	벌레 충	도울 보	갚을 상	넓을 보	두루 편	다시 복	옛 구	복 복	문서 권

교육부선정자

複寫	奉仕	封鎖	鳳鶴	否決	賦課
복사: 문서·그림 등을 같은 크기, 또는 확대·축소하여 복제하는 일	봉사: 국가·사회, 또는 남 등을 위해 자신을 돌보지 아니하고 애를 씀.	봉쇄: 문이나 출입구 막음. 예封鎖遮斷(봉쇄차단)	봉학: 봉황(鳳凰)과 백학(白鶴)인 두루미.	부결: 의논하고 안건에 대하여 옳지 아니하다고 하는 결정. 예否決案件(부결안건)	부과: 세금·부담금 등을 매기어 부담하게 함. 예科稅賦課(과세부과)
複寫	奉仕	封鎖	鳳鶴	否決	賦課
겹칠 복 / 베낄 사	받들 봉 / 벼슬 사	봉할 봉 / 쇠사슬 쇄	새 봉 / 학 학	아니 부 / 정할 결	구실 부 / 매길 과

複寫	奉仕	封鎖	鳳鶴	否決	賦課

重要結構

교육부선정자

不當	浮浪	父母	附屬	扶養	赴任
부당 : 어떤 일이나 처사(處事) 등이 이치에 맞지 아니함. 예不當利得(부당이득)	부랑 : 일정한 주거나 직업이 없이 떠돌아다님. 예浮浪者(부랑자)	부모 : 아버지와 어머니. 양친. 예父母兄弟(부모형제)	부속 : ①주되는 사물에 딸려서 붙음. ②「부속품」의 준말. 예附屬品(부속품)	부양 : 병약한 아이와 노인 등 생활 능력이 없는 사람의 생활을 돌봄.	부임 : 임명을 받아 근무할 임지로 감. 예赴任敎授(부임교수)

不	當	浮	浪	父	母	附	屬	扶	養	赴	任
아닐 부	마땅할 당	뜰 부	물결 랑	아비 부	어미 모	붙을 부	붙을 속	도울 부	기를 양	다다를 부	맡길 임

교육부선정자

오늘의 世界名言

♡ 진심에서 나오는 말만이 사람의 마음을 움직일 수 있고, 밝은 양심에서 나오는 말만이 사람의 마음을 꿰뚫는다.

윌리엄 펜 : 영국·신대륙 개척자

重要結構

副題	腐敗	符號	北緯	憤慨	粉末
부제: 주가 되는 제목에 덧붙이는 부제목. 서브 타이틀. 예 主題副題(주제부제)	부패: ①부패균에 의해 유독 물질을 발생함. ②문란하고 정신이 타락함.	부호: 어떤 뜻을 나타내기 위하여 정한 기호나 표시. 예文章符號(문장부호)	북위: 적도 이북의 위도. 적도를 0°로 하여 남북으로 90°로 나는 북의 가로로 된 좌표.	분개: 어떤 일로 몹시 분하게 여김. 몹시 화를 냄. 예蠻行憤慨(만행분개)	분말: 곡식, 또는 돌·약재 따위의 가루. 예粉末加工(분말가공)

버금 부	제목 제	썩을 부	패할 패	부신 부	부를 호	북녘 북	씨 위	분할 분	분할 개	가루 분	끝 말

重要結構

오늘의 世界名言

♡ 정신의 결함도 육체의 결함과 같다. 아무리 고치려고 해도 상처는 항상 나타나서 언제 다시 돋칠지 몰라 조마조마해 한다.
　플라톤 : 그리스 · 철학자

교육부선정자

奔忙	墳墓	分析	紛爭	佛塔	崩壞
분망 : 어떤 일로 쉴 사이 없이 몹시 바쁨. 예奔忙奔走(분망분주)	분묘 : 무덤. 묘. 예墳墓參拜(분묘참배)	분석 : 어떤 현상이나 사물 따위를 분해하여 성분 등을 개별적으로 갈라냄.	분쟁 : 말썽을 일으키어 시끄럽게 다툼. 예勞使紛爭(노사분쟁)	불탑 : 절에 세운 탑. 절에 세워진 탑. 예寺址佛塔(사지불탑)	붕괴 : 언덕이나 땅 등이 허물어져 무너짐. 예崩壞慘事(붕괴참사)

奔	忙	墳	墓	分	析	紛	爭	佛	塔	崩	壞
달아날 분	바쁠 망	무덤 분	무덤 묘	나눌 분	쪼갤 석	어지러울 분	다툴 쟁	부처 불	탑 탑	무너질 붕	무너질 괴
奔	忙	墳	墓	分	析	紛	爭	佛	塔	崩	壞

重要結構

教育부선정자

比較	肥料	飛龍	碑銘	秘密	非凡
비교:둘 이상의 사물을 서로 견주어 고찰함. 예比較分析(비교분석)	비료:식물을 잘 기르기 위하여 경작지에 뿌려 주는 물질. 예化學肥料(화학비료)	비룡:천상으로 날아오르는 용.	비명:묘비의 앞면에 새기어 놓은 글. 예碑銘弔詞(비명조사)	비밀:①숨기어 남에게 알리지 않는 일. ②남 몰래 함. 예秘密保障(비밀보장)	비범:보통 수준보다 훨씬 뛰어남. 또는 그러한 사람. 예非凡人物(비범인물)
比較	肥料	飛龍	碑銘	秘密	非凡
견줄 비 / 비교할 교	살찔 비 / 헤아릴 료	날 비 / 용 룡	비석 비 / 새길 명	숨길 비 / 빽빽할 밀	아닐 비 / 상할 범

오늘의 世界名言

♡ 나는 운명의 목을 조르고 싶다. 어떤 일이 있어도 운명에 짓눌리고 싶지 않다.

베에토벤 : 독일 · 작곡가

교육부 선정자

批評	頻度	貧富	氷壁	射擊	邪見
비평: 사물의 미추·선악·장단·시비를 평가하여 판단함. 예評價批評(평가비평)	빈도: 같은 현상이 되풀이 되는 도수. 「빈도수」의 준말. 예使用頻度(사용빈도)	빈부: 가난함과 부유함. 가난과 부자. 예貧富貴賤(빈부귀천)	빙벽: ①빙산의 벽. ②얼음이나 눈에 덮인 낭떠러지. 예氷壁登攀(빙벽등반)	사격: 대포·총·활 등을 쏨. 예射擊中止(사격중지)	사견: 옳지 못한 생각. 요사스럽고 바르지 못한. 의견. 예邪惡邪見(사악사견)

批	評	頻	度	貧	富	氷	壁	射	擊	邪	見
비평할 비	평론할 평	자주 빈	법 도	가난할 빈	부자 부	얼음 빙	벽 벽	쏠 사	칠 격	간사할 사	볼 견
扌匕匕	言一厂	此乃頁	宀广又	八分貝	富冖二	小冫人	尸辟土	月十寸	殳土又	牙阝	冂二儿

批	評	頻	度	貧	富	氷	壁	射	擊	邪	見

重要結構

교육부선정자

斯界	沙工	詐欺	死亡	思索	辭讓
사계: 그러한 전문가 사회. 그 방면의 사회. 예斯界權威者(사계권위자)	사공: 배를 부리는 일을 업으로 삼는 사람. 「뱃사공」의 준말.	사기: 남을 속이어 착오에 빠지게 하는 행위. 예詐欺行脚(사기행각)	사망: 사람이 죽음. 병이나 노쇠하여, 또는 사고로 죽음. 예死亡申告(사망신고)	사색: 어떤 것에 대하여 깊이 생각하고 이치를 찾음. 예思索思考(사색사고)	사양: 겸손하여 응하지 아니하거나 받지 아니함. 예飮食辭讓(음식사양)

斯	界	沙	工	詐	欺	死	亡	思	索	辭	讓
이 사	지경 계	모래 사	장인 공	속일 사	속일 기	죽을 사	망할 망	생각할 사	찾을 색	말씀 사	사양할 양

오늘의 世界名言

♡ 나는 그대의 주장에 찬성할 수 없다. 그러나, 그대가 주장하는 권리는 죽음을 내걸고 지키고 싶다.

볼테르 : 프랑스·작가·계몽사상가

重要結構

教育部選定漢字

교육부선정자

使役	寺院	私 的	史 跡	社 則	削 除
사역 : 부리어 일을 시킴. ②남으로 하여금 하게 하는 동작. 例使役兵(사역병)	사원 : ①불가의 절 또는 암자. ②종교의 교당(教堂)을 두루 일컫는 말.	사적 : 개인에 관계된 것. 例私的關係(사적관계)	사적 : 역사상 중대한 서건이나 시설의 자취. 例史跡保存(사적보존)	사칙 : 회사나 결사단체의 규칙. 例社則遵守(사칙준수)	삭제 : 내용·명단·예산 등을 깍아 없앰. 또는 지워 버림. 例豫算削除(예산)

使	役	寺	院	私	的	史	跡	社	則	削	除
부릴 사	부릴 역	절 사	집 원	사사 사	과녁 적	사기 사	발자취 적	모일 사	법 칙	깍을 삭	제할 제

重要結構

교육부선정자

殺害	森林	商街	嘗味	相逢	想像
살해 : 남의 생명을 해침. 남을 죽임. 예殺害犯(살해범)	삼림 : 나무가 빽빽하게 우거져 있는 수풀 예森林資源(삼림자원)	상가 : 도심 등지에 상점이 많이 늘어서 있는 거리. 예地下商街(지하상가)	상미 : 맛을 시험해 맛봄. 음식 등의 맛을 시식함.	상봉 : 서로 만남. 오랫동안 만나지 못했던 사람을 만남. 예離別相逢(이별상봉)	상상 : 이미 아는 사실 · 관념을 재료로 새로운 것을 생각해 내는 마음의 작용.

殺	害	森	林	商	街	嘗	味	相	逢	想	像
죽일 가	해칠 해	빽빽할 삼	수풀 림	장사 상	거리 가	맛볼 상	맛 미	서로 상	만날 봉	생각할 상	형상 상
殺	害	森	林	商	街	嘗	味	相	逢	想	像

重要結構

庶

교육부선정자

喪輿	桑田	狀態	生涯	庶幾	署名
상여 : 전통 풍속으로 죽은 이의 시체를 실어 나르는 제구.	상 전 : 뽕나무의 밭. 뽕나무를 재배하고 가꾸는 밭. 예 桑田碧海(상전벽해)	상 태 : 사물·현상 등이 처해 있는 형편이나 모양. 예昏睡狀態(혼수상태)	생애 : ①살아 있는 동안. 일생 동안. ②생활 형편. 생계. 예巨匠生涯(거장생애)	서기 : 거의. 어느 한도에 매우 가까운 정도로.	서명 : 자기의 이름을 써넣음. ②문서상의 서명·상호 표시. 예署名捺印(서명날인)

喪	輿	桑	田	狀	態	生	涯	庶	幾	署	名
잃을 상	수레 여	뽕나무 상	밭 전	형상 상	모양 태	날 생	물가 애	여럿 서	몇 기	관청 서	이름 명

喪	輿	桑	田	狀	態	生	涯	庶	幾	署	名

重要結構

徐

교육부선정자

敍事	徐緩	釋放	選擧	仙女	旋律
서사: 사실을 있는 그대로 시, 또는 극시 등을 씀. 예大敍事詩(대서사시)	서완: 느림. 천천히 진행되고 더딤. 예徐緩緩急(서완완급)	석방: 법에 의해 구속된 사람을 풀어 자유롭게 함. 예特敍釋放(특사석방)	선거: 많은 후보자 가운데서 적당한 사람을 뽑음. 예選擧投票(선거투표)	선녀: ①선경(仙境)에 사는 여자 신선. ②심신이 탁월한 여자. 예天上仙女(천상선녀)	선률: 음악을 구성하는 소리의 고저 장단의 어울림. 예甘味旋律(감미선률)

敍	事	徐	緩	釋	放	選	擧	仙	女	旋	律
베풀 서	일 사	천천할 서	느릴 완	풀 석	놓을 방	가릴 선	들 거	신선 선	계집 녀	돌 선	법률 률

敍	事	徐	緩	釋	放	選	擧	仙	女	旋	律

教育部選定漢字

重要結構

先

교육부 선정자

先人	宣布	成功	姓氏	細菌	歲暮
선인 : ①선친(先親). ②전대(前代)의 사람. 예先人智慧(선인지혜)	선포 : 법령이나 명령·선언 등을 세상에 널리 알림. 예法令宣布(법령선포)	성공 : ①목적을 이룸. 뜻을 이룸. ②사회적 지위나 부(富)를 얻음. 예成功的(성공적)	성씨 : 「성(姓)」을 높이어 부르는 말. 예姓氏銜字(성씨함자)	세균 : 현미경을 통해서만 볼 수 있는 아주 미세한 박테리아균. 예細菌戰(세균전)	세모 : 세밑. 한 해의 마지막 무렵. 섣달 그믐께. 예歲暮年始(세모연시)

先	人	宣	布	成	功	姓	氏	細	菌	歲	暮
먼저 선	사람 인	베풀 선	베 포	이룰 성	공 공	성 성	성 씨	가늘 세	버섯 균	나이 세	저물 모

重要結構

교육부선정자

世俗	洗濯	騷亂	消費	昭詳	訴訟
세속:①세상. 속세. ②세상의 풍속. 예世俗五戒(세속오계)	세탁:빨래. 더러운 옷이나 피륙 등을 물에 빠는 일. 예衣服洗濯(의복세탁)	소란:주변이 어수선하고 시끄러움. 예騷動騷亂(소동소란)	소비:돈이나 물품·시간·노력 따위를 들이거나 써서 없앰. 예消費性向(소비성향)	소상:어떤 내용 따위가 밝고 자세함. 세밀하고 분명함. 예昭詳仔詳(소상자상)	소송:법률상의 판결을 법원에 요구하는 절차. 예民事訴訟(민사소송)
世 俗	洗 濯	騷 亂	消 費	昭 詳	訴 訟
인간 세 / 풍속 속	씻을 세 / 빨 탁	떠들 소 / 어지러울 란	끝 소 / 비용 비	밝을 소 / 자세할 상	소송할 소 / 송사할 송

오늘의 世界名言

♡ 아름다움이란 자연이 여자에게 주는 최초의 선물이며, 또 자연이 여자에게서 빼앗는 최초의 선물이다.
나레 : 스웨덴·학자

교육부선정자

所爲	蔬菜	疏忽	召還	松竹	衰弱

소위: ①하는 일. ②이미 행한 일. 소행(所行). 예詐欺所爲(사기소위)

소채: 소채류의 나물. 채소. 예蔬菜栽培(소채재배)

소홀: 대수롭지 않게 여기고 예사롭게 생각함. 예重責疏忽(중책소홀)

소환: 외교사절 등을 본국으로 불러들임. 예本國召還(본국소환)

송죽: 소나무와 대나무. 매화와 함께 세한삼우라고 일컬음. 예松竹梅蘭(송죽매란)

쇠약: 힘이 쇠하여 약함. 기세 등이 쇠하여 약해짐. 예心身衰弱(심신쇠약)

바 소 / 할 위 / 나물 소 / 나물 채 / 성길 소 / 홀연 홀 / 부를 소 / 돌아올 환 / 소나무 송 / 대 죽 / 쇠할 쇠 / 약할 약

重要結構

교육부선정자

首肯	睡眠	授受	壽宴	誰曰	需要
수긍: 어떤 일에 옳다고 머리를 끄덕여 인정하는 것. 예同感首肯(동감수긍)	수면: ①졸음. 잠. ②활동을 멈추고 쉼. 예睡眠不足(수면부족)	수수: 금품 따위를 주고 받고 함. 예金品授受(금품수수)	수연: 장수를 축하하는 잔치로 보통은 환갑(還甲)잔치를 일컬음. 예祝壽宴(축수연)	수왈: 말할 사람이 아무도 없음. 예誰曰不可(수왈불가)	수요: 시장에서 나타나는 상품 구매의 희망이나 그 분량. 예需要供給(수요공급)

首	肯	睡	眠	授	受	壽	宴	誰	曰	需	要
머리 수	즐길 긍	잠잘 수	잠잘 면	줄 수	받을 수	목숨 수	잔치 연	누구 수	가로 왈	구할 수	중요할 요

♡ 예술은 위안이 되는 놀이가 아니다. 그것은 전투이고 물건을 씹어뭉개는 톱니바퀴의 기계이다.
　　밀레 : 프랑스·화가

重要結構

교육부선정자

手票	隨筆	宿泊	熟若	叔姪	旬刊
수표 : 은행을 지급인으로 하여 소지인에게 지급할 것을 위탁하는 유가증권.	수필 : 형식에 얽매이지 아니하고 느낀 것을 생각 나는 대로 써 나가는 산문.	숙박 : 여관이나 호텔 등에서 잠을 자거나 머무름. 예宿泊施設(숙박시설)	숙약 : 양쪽을 비교하여 묻는 의문사.	숙질 : 삼촌과 조카. 아저씨와 조카. 예叔姪堂叔(숙질당숙)	순간 : 신문이나 잡지 따위를 열흘 간격으로 발행함. 또는 그 발행물.

手	票	隨	筆	宿	泊	熟	若	叔	姪	旬	刊
손 수	표 표	따를 수	붓 필	잘 숙	머무를 박	누구 숙	만일 약	아재비 숙	조카 질	열흘 순	펴낼 간

오늘의 世界名言

♡ 예술과 도덕은 상이한 두 개의 것이다. 예술가의 공헌은 그 윤리적인 연약함을 상기하고 고발함으로서 헐뜯을 수 없는 것이다.
프리드리히 에드윈 스미스·독일

重要結構

巡警	純粹	瞬息	順從	脣齒	戊亥
순경: 경찰관의 최하 계급으로 관할 구역을 순시·경계하는 업무 등을 가짐.	순수:①잡것의 섞임이 없음. ②사사로운 욕심이나 못됨이 없음. ⑩動機純粹(동기순수)	순식: 아주 짧은 시간. 일순간. 일간. 「순식간(瞬息間)」의 줄인말.	순종: 순수하게 따름. 순순히 좇음. ⑩順從女人(순종여인)	순치: 입술과 이. ⑩脣齒之勢(순치지세)	술해: 열한째 지지인 술(戌)과 열두째 지지인 해(亥).
巡 警	純 朴	瞬 息	順 從	脣 齒	戊 亥
순행할 순 / 경계할 경	순수할 순 / 순수할 수	순간 순 / 숨쉴 식	순할 순 / 좇을 종	입술 순 / 이 치	개 술 / 돼지 해
巛亥 / 굷앗흠	糹彑乚 / 一小	旷彑矰디 / 阝彑心	川彑彐、/ 彳竹人	彐彑乀月 / 彑비씨니	一乚人 / 亠乄、

(empty practice grid rows)

| 巡 | 警 | 纯 | 朴 | 瞬 | 息 | 順 | 従 | 脣 | 齒 | 戊 | 亥 |

오늘의 世界名言

♡ 모든 예술에 있어 최고의 문제는 형태의 도움을 얻어 더욱 고상한 실제의 환상을 탄생시키는 것이다.
괴테 : 독일 · 시인 · 극작가

重要結構

교육부선정자

昇降	僧舞	勝負	市郡	施設	視聽
승강: 오르고 내림. 높은 곳이나 계단 등을 오르고 내림. ⑩上昇下降(상승하강)	승무: 고깔을 쓰고 장삼을 입어 중처럼 차리고 풍류에 맞추어 추는 춤.	승부: 이김과 짐. 승패(勝敗). ⑩勝負根性(승부근성)	시군: 행정구역상 단위로 시와 군. ⑩市郡邑面(시군읍면)	시설: 기계 · 장식 · 장치 · 설비 등을 베풀어 차림. ⑩施設裝置(시설장치)	시청: ①보고 들음. ②TV 따위를 보고 들음. ⑩放送視聽(방송시청)

昇	降	僧	舞	勝	負	市	郡	施	設	視	聽
오를 승	내릴 강	중 승	춤출 무	이길 승	질 부	저자 시	고을 군	베풀 시	베풀 설	볼 시	들을 청

오늘의 世界名言

♡ 남을 감동시키려면 먼저 자신이 감동하지 않으면 안 된다. 그렇지 않으면 아무리 잘된 작품이라도 결코 생명이 없다.
　　밀레 : 프랑스 · 화가

重要結構

試驗	食堂	辛未	晨星	信仰	身體
시험 : 재능·자격·실력 등을 일정한 절차에 따라 알아보는 일. 예試驗紙(시험지)	식당 : 학교·공장 등 큰 건물에 딸리어 식사할 수 있게 시설을 갖춘 방.	신미 : 육십 갑자의 여덟째. 예辛未洋擾(신미양요)	신성 : 샛별. 새벽에 동쪽 하늘에서 반짝이는 금성(金星)을 이르는 말. 효성(曉星).	신앙 : 종교상의 교의(敎義)를 믿고 받들음. 또는 그것. 예信仰告白(신앙고백)	신체 : ①사람의 몸. ②갓 죽은 송장을 이르는 말. 예身體檢査(신체검사)

試	驗	食	堂	辛	未	晨	星	信	仰	身	體
시험할 시	시험할 험	먹을 식	집 당	매울 신	아닐 미	새벽 신	별 성	믿을 신	우러를 앙	몸 신	몸 체

오늘의 世界名言

♡ 세계에는 두 가지 예술밖에 없다. 그것은 생명에서 근본이 출발하는 것과 인습에 만족하는 것이다.
로망 로랑 : 프랑스·소설가

教育部選定漢字

重要結構 實

교육부선정자

伸縮	實踐	尋訪	深淺	審判	雙方
신축: 늘고 줄음. 또는 융통성있게 늘이고 줄이는 것. 예 伸縮性質(신축성질)	실천: 계획한 것 따위를 실지 행동으로 옮기는 것. 예實踐事項(실천사항)	심방: 어떤 곳에 목적이 있어 방문하여 찾아봄. 예尋訪信者(심방신자)	심천: 호수나 강·바다 등의 깊음과 얕음. 예海低深淺(해저심천)	심판: ①소송 사건을 심리하여 판단함. ②경기 등에서 반칙·승패 등을 판정함.	쌍방: 이쪽과 저쪽. 양쪽. 양방(兩方). 예 雙方合議(상방합의)

伸	縮	實	踐	尋	訪	深	淺	審	判	雙	方
펼 신	줄 축	열매 실	밟을 천	찾을 심	찾을 방	깊을 심	얕을 천	살필 심	판단할 판	둘 쌍	모 방
亻亇申	縮扌㝵二	宀亇貫	趵伐人	彐㘴口小	訁訪丿	氵冗丷八	氵戈心	宀釆人田	兰刂刂	隹隹又	丷乛丿

伸	縮	実	践	尋	訪	深	浅	審	判	雙	方

오늘의 世界名言

♡ 예술은 우선 미를 표현하지 않으면 안 된다. 미를 받아들이는 기관은 감정이 아니고 순수 관조(觀照)의 활동으로서의 판타지(想像)다.
한스크릭 : 오스트리아 · 음악가

重要結構

교육부선정자

兒童	亞鉛	阿洲	岳丈	惡漢	案件
아동:①어린 아이. ②초등학교에 다니는 아이. 예兒童教育(아동교육)	아연:청색빛을 띤 은백색의 금속 원소. 예亞鉛鍍金(아연도금)	아주:「아프리카주」의 준말. 예阿洲地域(아주지역)	악장:아내의 아버님. 장인(丈人). 빙장(聘丈).	악한:악독하고 악랄한 짓을 일삼는 사람. 예惡漢逮捕(악한체포)	안건:토의하거나 조사하여야 할 사실. 또는 그 건수. 예案件討議(안건토의)
兒童	亞鉛	阿洲	岳丈	惡漢	案件
아이 아 / 아이 동	버금 아 / 납 연	언덕 아 / 물가 주	큰산 악 / 어른 장	악할 악 / 한수 한	책상 안 / 사건 건

오늘의 世界名言

♡ 화가는 자연을 모방하거나 묘사하는 것이 전부가 아니다. 자연 쪽에서 그림 쪽으로 움직여 오도록 이행시키지 않으면 안 된다.
　　피카소 : 프랑스 · 화가

교육부선정자

眼鏡	顔面	安逸	謁聖	殃禍	哀惜
안경 : 눈을 보호하거나 시력을 돕기 위해 쓰이는 기구. **예**色眼鏡(색안경)	안면 : ①사람이나 동물의 얼굴. ②서로 얼굴을 알 만한 사람. **예**顔面薄待(안면박대)	안일 : 편안하고 한가로움. 한가하고 심신이 축 처져 있음. **예**安逸思考(안일사고)	알성 : 임금이 성균관 문묘(文廟)에 참배함. **예**謁聖及第(알성급제)	앙화 : 지은 죄의 앙갚음으로 받는 재앙. 앙얼. **예**殃禍災害(앙화재해)	애석 : 슬프고 아까움. 분하도록 안타까움. **예**哀惜敗北(애석패배)

眼	鏡	顔	面	安	逸	謁	聖	殃	禍	哀	惜
눈 안	거울 경	얼굴 안	낯 면	편안할 안	숨을 일	뵐 알	성인 성	재앙 앙	재화 화	슬플 애	아낄 석

眼	鏡	顔	面	安	逸	謁	聖	殃	禍	哀	惜

오늘의 世界名言

♡ 비루한 생각을 가진 사람이 그것을 숨기려고 시구(詩句)를 과장하는 경우가 있다. 과장된 시를 쓰는 사람의 마음을 나는 경계한다.
생트뵈브 : 프랑스·비평가

重要結構

교육부선정자

厄難	楊柳	良妻	兩側	羊兎	諒解
액난 : 재앙으로 인한 난리. 재앙 등으로 질서가 어지러워짐. 예厄難豫防(액난예방)	양류 : 버드나무. 버들과의 낙엽 활엽 교목.	양처 : 착한 아내. 마음이 선량하고 좋은 아내. 예賢母良妻(현모양처)	양측 : ①두 편. 양방. ②양쪽의 측면. 예兩側合議(양측합의)	양토 : 양과 토끼.	양해 : 사정을 살펴서 너그러히 받아들임. 예主人諒解(주인양해)
厄難	楊柳	良妻	兩側	羊兎	諒解
재앙 액	어려울 난	버들 양	버들 류	어질 량	아내 처	둘 량	곁 측	양 양	토끼 토	양해할 량	풀 해

| 厄難 | 楊柳 | 良妻 | 兩側 | 羊兎 | 諒解 |

重要結構

於

교육부선정자

洋灰	語句	漁船	於焉	魚貝	抑壓
양회 : 시멘트(cement)토목·건축 재료로 쓰이는 접합제. 예洋灰建物(양회건물)	어구 : 말의 마디. 말의 구절. 문장의 구절. 예語句修訂(어구수정)	어선 : 고기잡이를 목적으로 건조한 배. 예漁船出港(어선출항)	어언 : 「어언간(於焉間)」의 준말. 알지못한 동안. 예於焉十年(어언십년)	어패 : 물고기와 조개. 물고기 종류와 조개류. 예魚貝類(어패류)	억압 : 억지로 행동을 제약하고 억제하여 압박함. 예抑壓抗拒(억압항거)
洋灰	語句	漁船	於焉	魚貝	抑壓
큰바다 양 / 재 회	말씀 어 / 글귀 구	고기잡을 어 / 배 선	어조사 어 / 어찌 언	고기 어 / 조개 패	누를 억 / 누를 압
洋 灰	語 句	漁 船	於 焉	魚 貝	抑 壓

重要結構

교육부선정자

億兆	業報	旅館	餘白	余輩	與野
억조 : ①억(億)과 조(兆). ②셀 수 없을 만큼 많은 수.예億兆蒼生(억조창생)	업보 : 불가에서 말하는 전생(前生)의 악한 짓에 대한 죄값.예前生業報(전생업보)	여관 : 돈을 받고 여객(旅客)을 묵게 하는 집.예旅館宿泊(여관숙박)	여백 : 종이 등에서 그림이나 글씨 이외의 빈 부분.예餘白活用(여백활용)	여배 : 우리들	여야 : 여당과 야당.예與野總務(여 야총무)

億	兆	業	報	旅	館	餘	白	余	輩	與	野
억 억	억조 조	일 업	갚을 보	나그네 려	집 관	남을 여	흰 백	나 여	무리 배	줄 여	들 야

重要結構 亦

교육부선정자

予奪	演劇	亦是	驛前	研究	連絡
여 탈:주는 일과 빼앗는 일. 여탈(與奪).	연극:배우·무대·조명·음향·등으로써 희곡을 무대에서 연출해 보이는 종합예술.	역 시:또한. 거기에다 또. 마찬가지로. 예亦是當然(역시당연)	역 전:①정거장의 앞. ②철도 여객의 출입을 위한 표찰구가 있는 역사(驛舍)의 앞마당.	연 구:사물 등을 깊이 있게 조사하고 궁리함. 예研究論文(연구논문)	연 락:①서로 이어 댐. ②서로 관계를 가짐. ③상대방에게 알림. 예連絡處(연락처)

予	奪	演	劇	亦	是	驛	前	研	究	連	絡
나 여	빼앗을 탈	연역할 연	심할 극	또 역	이 시	역마 역	앞 전	갈 연	궁구할 구	이을 련	이을 락

오늘의 世界名言

♡ 바보 녀석이 창피스러운 일을 하고 있을 때, 그 녀석은 언제나 그것이 자신의 의무라고 생각한다.
　바그너 쇼 :영국·극작가

重要結構

聯盟	戀慕	鍊武	憐憫	燃燒	沿岸
연맹:뜻이 같은 사람들끼리 같이 행동할 것을 맹약하는 일. 예勞組聯盟(노조연맹)	연모:사랑하여 몹시 그리워함. 예思慕戀慕(사모연모)	연무:무예 등을 단련함. 예跆拳鍊武(태권연무)	연민:불쌍하고 가련함. 예可憐憐憫(가련연민)	연소:불이 붙어 탐. 불을 놓아 태움. 예燃燒裝置(연소장치)	연안:강·바다 등이 육지와 이어져 있는 물가. 예沿岸埠頭(연안부두)
연합할 련	맹세할 맹	사모할 련	사모할 모	단련할 련	호반 무	가엾을 련	불쌍할 민	불탈 연	불사를 소	연안 연	언덕 안

오늘의 世界名言

♡ 어리석은 사람과 현명한 사람은 다같이 해가 없다. 다만, 어중간하게 어리석거나 어중간하게 현명한 사람만이 위험하다.

괴테 : 독일·시인·극작가

重要結構 廉

교육부선정자

緣由	硯滴	熱烈	念慮	鹽酸	廉探
연유:이유(理由). 유래(由來). 사유(事由). 곡절(曲折). 까닭. 例 事緣緣由(사연연유)	연적:벼루에 먹을 갈 때 쓰일 물을 담아두는 그릇. 例筆 墨硯滴(필묵연적)	열렬:어떤 것에 대한 애정이나 태도가 매우 맹렬함. 例熱 烈愛情(열렬애정)	염려:여러 가지로 헤아려 걱정함. 또는 그 걱정. 例將來 念慮(장래염려)	염산:염화수소의 수용액. 무색 발연성의 액체임. 의학용이나 공업용 등으로 널리 쓰임.	염탐:비밀리에 남의 사정을 살펴 조사함. 염찰(廉察). 例斥候 廉探(척후염탐)

緣	由	硯	滴	熱	烈	念	慮	鹽	酸	廉	探
인연 연	말미암을 유	벼루 연	물방울 적	더울 열	매울 렬	생각 념	생각할 려	소금 염	초 산	청렴할 렴	찾을 탐

오늘의 世界名言

♡ 동물은 참으로 기분 좋은 친구이다. 이들은 아무 질문도 하지 않으며 아무 비평도 하지 않는다.

죠오지 엘리오트 : 영국 · 소설가

重要結構

詠歌		英斷		領導		營舍		永續		榮譽	
영가 : 창가(唱歌). 서양 악곡의 형식을 빌려 지은 노래. 예 詠歌舞踏(영가무도)		영단 : ①뛰어난 결단. 탁월한 결정. ②주저하지 아니하고 내리는 결정.		영도 : 무리나 백성 등을 거느려 이끎. 예 領導統率(영도통솔)		영사 : 군대가 머물러 있는 집. 또는, 그런 건물이 있는 일정 지역.		영속 : 오래 계속함. 영원히 계속되는 것. 예 永續持續(영속지속)		영예 : 영광스런 명예. 영명(榮名). 예 受賞榮譽(수상영예)	
詠	歌	英	斷	領	導	營	舍	永	續	榮	譽
읊을 가	노래 가	꽃부리 영	끊을 단	거느릴 령	이끌 도	경영할 영	집 사	길 영	이을 속	영화 영	명예 예
詠	歌	英	斷	領	導	營	舍	永	續	榮	譽
詠	歌	英	斷	領	導	營	舍	永	續	榮	譽

教育部選定漢字

重要結構

零

교육부선정자

寧日	映窓	零下	影響	靈魂	禮儀
영일:무사하고 평안할 나날. 예寧日安寧(영일안녕)	영창:방을 밝게 하기 위하여 방과 마루 사이에 내는 미닫이 문.	영하:기온을 나타낼 때. 0℃ 이하. 얼음이 어는 0°이하. 예零下氣候(영하기후)	영향:어떤 사물이 다른 사물에 작용을 미치는 것. 예影響波及(영향파급)	영혼:죽은 사람의 넋. 죽은 뒤에도 존재한다는 정신적 실체. 예靈魂不滅(영혼불멸)	예의:인간 행동을 규범하여 경의를 나타내는 예절과 몸가짐. 예禮儀凡節(예의범절)

寧	日	映	窓	零	下	影	響	靈	魂	禮	儀
편안할 녕	날 일	비칠 영	창 창	떨어질 령	아래 하	그림자 영	울릴 향	신령 령	넋 혼	예도 례	거동 의

重要結構

교육부선정자

銳敏	烏鷄	梧桐	娛樂	傲慢	汚染
예민 : 성질이나 감각 등이 예리하고 민감함. 예銳敏性格(예민성격)	오계 : ①털이 새까만 닭. ②「오골계(烏骨鷄)」의 준말. 예烏骨鷄湯(오골계탕)	오동 : 「오동나무」의 준말. 오동과의 낙엽 활엽 교목. 예梧桐木材(오동목재)	오락 : 쉬는 시간에 재미있게 놀며 기분을 즐겁게 하는 일. 예娛樂施設(오락시설)	오만 : 태도나 언행이 잘난 체하여 방자함. 예傲慢放恣(오만방자)	오염 : 더럽게 물듦. 공장 등에서 나온 폐수, 폐연 등으로 환경이 혼탁해 짐.

銳	敏	烏	鷄	梧	桐	娛	樂	傲	慢	汚	染
날카로울 예	민첩할 민	까마귀 오	닭　계	오동나무 오	오동 동	즐거울 오	풍류 악	거만할 오	거만할 만	더러울 오	물들일 염

銳	敏	烏	鷄	梧	桐	娛	樂	傲	慢	汚	染

오늘의 世界名言

♡ 잠자코 우는 어린이의 흐느낌은, 성이 나서 날뛰는 어른의 그것보다도 더욱 깊은 저주가 된다.
　　브라우닝 : 영국·시인

重要結構

교육부선정자

玉篇	溫床	臥具	完遂	王妃	畏懼
옥편 : 자전(字典). 한자(漢字)를 모아 일정한 순서를 배열하고 자마다 뜻과 음을 풀이한 책.	온상 : 인공적으로 따뜻한 열을 가해 식물을 촉성 재배하는 묘상. 예犯罪溫床(범죄온상)	와구 : 누울 때에 심신의 안락함을 위해 쓰이는 물건의 총칭. 예寢臺臥具(침대와구)	완수 : 어떤 일의 결행에 있어 완전히 수행함. 예責任完遂(책임완수)	왕비 : 임금의 아내. 왕후(王后) 국모(國母). 예王世子妃(왕세자비)	외구 : 무서워하고 두려워함. 예恭敬畏懼(공경외구)

玉	篇	溫	床	臥	具	完	遂	王	妃	畏	懼
구슬 옥	책 편	따뜻할 온	평상 상	누울 와	갖출 구	완전할 완	드디어 수	임금 왕	왕비 비	두려울 외	두려울 구

오늘의 世界名言

♡ 교양 있는 가정의 아이들에게는, 교육에 의해서 다른 아이들에게 복종을 가르치듯 명령하는 것을 가르쳐야 한다.

니체 : 독일 · 시인 · 철학가

重要結構

교육부선정자

外患	腰帶	遙拜	欲望	庸劣	容恕
외환 : 외적의 침범으로 인한 근심이나 재앙. 외우(外憂). 예外患防止(외환방지)	요대 : 허리 띠. 허리에 하복을 매어주는 허리 띠. 예腰帶着用(요대착용)	요배 : 멀리서 연고가 있는 쪽을 향하여 절함. 예望拜遙拜(망배요배)	욕망 : 무엇을 가지거나 무엇을 누리고자 탐함. 또는 그 마음. 예欲望奴隷(욕망노예)	용렬 : 못생기어 어리석고 변변하지 못함. 예庸劣劣等(용렬열등)	용서 : 죄나 잘못에 대하여 꾸짖거나 벌하지 아니함. 예容恕和解(용서화해)
外患	腰帶	遙拜	欲望	庸劣	容恕
바깥 외	근심 환	허리 요	띠 대	멀 요	절 배	하고자할 욕	바랄 망	떳떳할 용	용렬할 렬	얼굴 용	용서할 서

오늘의 世界名言

♡ 모든 사람은 높은 교양을 지녀야 한다. 민주주의의 성공은 이것에 의존한다.
존·듀이 : 미국·철학가·교육가

교육부선정자

于今	愚弄	雨雷	友邦	憂愁	尤甚
우금:지금까지. 이제까지. 예于今行脚(우금행각)	우롱:사람을 바보로 여기고 놀림. 예愚弄處事(우롱처사)	우뢰:천둥. 천둥소리. 천둥소리와 같이 극렬함. 예雨雷拍手(우뢰박수)	우방:서로 군사적·경제적 등으로 관계를 맺고 있는 나라. 예友邦善隣(우방선린)	우수:우울과 수심. 근심 걱정. 예鄕愁憂愁(향수우수)	우심:더욱 심해지는 상태·현상 등을 이르름. 예尤甚犯罪(우심범죄)

于	今	愚	弄	雨	雷	友	邦	憂	愁	尤	甚
어조사 우	이제 금	어리석을 우	희롱할 롱	비 우	천둥 뢰	벗 우	나라 방	근심 우	근심 수	더욱 우	심할 심

오늘의 世界名言

♡ 자신의 가족을 사랑하지 않는 남자는 자기 집에 새끼 사자를 기르면서 미움의 온상을 만들고 있는 인간이다.
제레미 테일러 : 영국 · 승정

重要結構

교육부선정자

優雅	牛乳	羽翼	宇宙	郵便	又況
우아:고상하고 기품이 있으며 아름다움. 예氣品優雅(기품우아)	우유:소의 젖. 밀크(Milk). 소의 젖을 가공한 것. 예牛乳豆乳(우유두유)	우익:①새의 날개. ②보좌하는 일. 또는 그 사람. ③식물의 기관 일부.	우주:천지와 동서 고금 모든 공간과 시간. 예宇宙空間(우주공간)	우편:서신·소포 등을 일정한 조직에 의하여 전국적으로 송달하는 업무.	우황:하물며. 그 위에 또. 예失職又況(실직우황)
優	雅	牛	乳	羽	翼	宇	宙	郵	便	又	況
넉넉할 우	아담할 아	소 우	젖 유	깃 우	날개 익	집 우	집 주	우편 우	편할 편	또 우	하물며 황

重要結構

교육부선정자

雲泥	運輸	云謂	韻致	元旦	圓盤
운니:「구름과 진흙」이란 말로 어떤 것의 격차가 심함을 비유. 예雲泥之差(운니지차)	운수:운반보다 규모가 큰 여객과 화물 등을 날라 보내는 일. 예運輸業(운수업)	운위:일러 말함.	운치:고상하고 우아한 풍치(風致). 여운이 남아 있는 풍치. 예韻致餘韻(운치여운)	원단:설날 아침. 원조(元朝). 예當年元旦(당년원단)	원반:원반던지기에서 쓰이는 운동기구의 하나. 예圓盤投擲(원반투척)

雲	泥	運	輸	云	謂	韻	致	元	旦	圓	盤
구름 운	진흙 니	움직일 운	보낼 수	이를 운	이를 위	운율 운	이를 치	으뜸 원	아침 단	둥글 원	쟁반 반

오늘의 世界名言

♡ 결말을 이해하고 시초를 이해하는 것. 이것이 새로운 독서법이며 새로운 생활법이다.

뒤아엘 : 소설가 · 비평가

重要結構

原始	園藝	遠征	援助	怨恨	慰勞
원시 : ①처음. 시초. ②자연 상태로 아직 개량되지 않은 상태. 예 原始生活(원시생활)	원예 : 채소 · 과수 · 정원수 · 화훼 등을 집약적으로 재배하는 일. 예 園藝農家(원예농가)	원정 : ①먼 곳으로 싸우러 감. ②먼 곳에 가 경기 따위를 함. 예 遠征隊(원정대)	원조 : 세계적 · 국가적, 또는 빈곤한 사람을 위해 도와 줌. 예 食糧援助(식량원조)	원한 : 지난날 있었던 원망스럽고 한이 되는 생각. 예 憎惡怨恨(증오원한)	위로 : ①수고를 치하함. ②좋은 말로 고통 · 슬픔 등을 안정시킴. 예 慰勞金(위로금)
原 始	園 藝	遠 征	援 助	怨 恨	慰 勞
근원 원 / 비로소 시	동산 원 / 재주 예	멀 원 / 칠 정	도울 원 / 도울 조	원망할 원 / 한 한	위로할 위 / 수고할 로

오늘의 世界名言

♡ 일을 그 최초의 상태로 환원시켜 보라. 그리고 어떤 점에 또 어떻게 해서 그 일이 악화되었는가를 살펴보라.

F. 베이콘: 영국·철학자

重要結構 嚴

교육부선정자

違背	威嚴	胃腸	偉績	委託	危險
위배:위반·법령·명령·약속 등을 어김. 예違背行爲(위배행위)	위엄:위세가 있어 존경하고 어려워할만한 태도나 기세. 예威嚴分付(위엄분부)	위장:생물학적으로 사람이나 동물의 내장으로써의 위와 간. 예胃腸疾患(위장질환)	위적:위대한 공적. 뛰어난 공훈이나 업적. 예偉大業績(위대업적)	위탁:어떤 행위나 사무의 처리를 남에게 맡기어 부탁하는 일. 예委託金(위탁금)	위험:위태롭고 험하여 안전하지 못함. 또는 그런 상태. 예危險信號(위험신호)

違	背	威	嚴	胃	腸	偉	績	委	託	危	險
어길 위	등 배	위엄 위	엄할 엄	밥통 위	창자 장	위대할 위	길쌈 적	맡길 위	맡길 탁	위태할 위	험할 험

오늘의 世界名言

♡ 자유를 사랑하는 것은 남을 사랑하는 일이다. 힘을 사랑하는 것은 자신을 사랑하는 일이다.
W. 허즐리트 :영국·에세이스트

悠久	唯物	柔軟	猶豫	遺蹟	維持
유구:연대가 길고 오램. 아득히 오래된 세월. 예悠久傳統(유구전통)	유물:오직 물질만이 존재한다고 여기는 일. 예唯物思想(유물사상)	유연:자세나 동작·손놀림 등이 부드럽고 연함. 예柔軟動作(유연동작)	유예:결행하는 데 있어 날짜나 시간을 미루고 끎. 예猶豫期間(유예기간)	유적:건축물·전쟁터 등 역사적인 사건이 벌어졌던 곳. 예文化遺蹟(문화유적)	유지:지탱하여 나감. 지니어 감. 예維持費用(유지비용)
悠 久	唯 物	柔 軟	猶 豫	遺 蹟	維 持
멀 유	오랠 구	오직 유	만물 물	부드러울 유	연할 연	오히려 유	미리 예	끼칠 유	자취 적	이을 유	가질 지

오늘의 世界名言

♡ 이 세상에서 성공하려면 바보같이 보이면서 실은 영리해야 한다, 라는 점을 나는 늘 관찰하고 있다.
몽테스큐 : 프랑스 · 사상가

重要結構

교육부선정자

有志	幼稚	幽玄	六章	閏年	倫理
유지:①어떤 일을 할 뜻이 있음. 또는 그 사람. ②「유지자」의 준말. ⑩洞有志(동유지)	유치 : 나이가 어림. 수준이 낮거나 미숙함. ⑩幼稚行動(유치행동)	유현:이치나 아취가 헤아리기 어려울 만큼 깊고 오묘함.	육장:①어떤 글의 여섯 번째 단락. ②어떤 글의 여섯가지 단락. ⑩第六章(제육장)	윤년:윤달이나 윤일이 드는 해. 양력에서는 4년마다 한 번씩 2월을 29일로 함.	윤리:①사람으로서 마땅히 행하거나 지켜야 할 도리. ②「윤리학」의 준말.

有	志	幼	稚	幽	玄	六	章	閏	年	倫	理
있을 유	뜻 지	어릴 유	어릴 치	그윽할 유	검을 현	여섯 륙	글 장	윤달 윤	해 년	인륜 륜	이치 리
ノ一刀三	士心	幺刀ノ	禾作隹	幺幺山	亠幺、	亠八	立日十	門王三	ケ二十	亻人侖	王田三

有	志	幼	稚	幽	玄	六	章	閏	年	倫	理

重要結構

교육부선정자

輪番	潤澤	栗粟	隆崇	銀紙	隱蔽
윤번:①돌려 가며 차례로 번듦. ②돌아가는 차례. 예當直輪番制(당직윤번제)	윤택:①윤기 있는 광택. ②물건·양식 등이 풍부하고 넉넉함. 예潤澤家庭(윤택가정)	율속:밤과 조.	융숭:대우·대접하는 태도·자세 등이 정중하고 극진함. 예隆崇接待(융숭접대)	은지:은종이. 은박 또는 은빛 나는 재료를 써서 만든 종이. 예銀箔銀紙(은박은지)	은폐:가리어 숨김. 감추어 덮음. 예眞僞隱蔽(진위은폐)
輪 番	潤 澤	栗 粟	隆 崇	銀 紙	隱 蔽
바퀴 륜 차례 번	젖을 윤 못 택	밤 률 조 속	성할 룡 높을 숭	은 은 종이 지	숨을 은 가릴 폐

교육부선정자

오늘의 世界名言

♡ 젊었을 때 너무 자유 방종하면 마음의 윤기가 없어진다. 그러나, 너무 절제하면 머리의 융통성이 없어진다.
생트 뵈브 : 프랑스·비평가

重要結構 酒

乙丑	吟詩	飮酒	邑誌	泣請	應答
을축:육십 갑자의 둘째. 예乙丑甲子 (을축갑자)	음시:시를 읊음. 영시(詠詩). 예悲歌吟詩(비가음시)	음주:술을 마심. 또는 그 일. 예飮酒測定(음주측정)	읍지:한 읍의 역사·지리·풍속 등의 내력을 기록한 책. 예季刊邑誌(계간읍지)	읍청:울면서 간절히 청함. 간곡히 청함. 예懇切泣請(간절읍청)	응답:어떤 것에 응하거나 그 물음에 대답함. 예質疑應答(질의응답)

乙	丑	吟	詩	飮	酒	邑	誌	泣	請	應	答
새 을	소 축	읊을 음	글귀 시	마실 음	술 주	고을 읍	기록할 지	울 읍	청할 청	응할 응	대답할 답

乙	丑	吟	詩	飮	酒	邑	誌	泣	請	應	答

重要結構

교육부선정자

依賴	醫師	二卷	以來	履歷	耳目
의뢰:남에게 의지함. 남에게 부탁함. 예事件依賴(사건의뢰)	의사:의술과 약으로 병을 진찰하고 치료하는 사람. 예病院醫師(병원의사)	이권:①「제2권(第二券)」의 준말 ②여러책 중 두개의 권수.	이래:그 뒤로 어느 일정한 때로부터 지금까지. 예有史以來(유사이래)	이력:지금까지의 학업. 직업 따위의 내력. 예履歷經歷(이력경력)	이목:귀와 눈. 듣는 것과 보는 것. 예耳目集中(이목집중)

依	賴	醫	師	二	卷	以	來	履	歷	耳	目
의지할 의	의뢰할 뢰	의원 의	스승 사	두 이	책 권	써 이	올 래	밟을 리	지낼 력	귀 이	눈 목
依	賴	醫	師	二	卷	以	来	履	歷	耳	目

敎育部選定漢字

重要結構

異 議	利 敵	移 轉	梨 花	忍 耐	印 刷
이의:남과 의견이나 주장을 달리함. 또는 그 의견이나 주장. 예異議提起(이의제기)	이적:적을 이롭게 함. 적에게 유리하게 함. 예利敵行爲(이적행위)	이전:장소·주소·권리 등을 다른 데로 옮김. 예移轉開業(이전개업)	이화 : 배 나무의 꽃. 배꽃. 예梨花滿開(이화만개)	인내:괴로움이나 어려움을 참고 견딤. 예忍耐努力(인내노력)	인쇄:판면의 글·그림 등을 종이 따위에 박아 내는 일. 예文案印刷(문안인쇄)

異 議	利 敵	移 轉	梨 花	忍 耐	印 刷
다를 이 의논할 리	이로울 리 원수 적	옮길 이 구를 전	배 리 꽃 화	참을 인 견딜 내	도장 인 박을 쇄

오늘의 世界名言

♡ 분에 넘치는 야심 때문에 마음을 괴롭히지만 않는다면, 대개의 인간은 작은 일에는 성공하는 법이다.
롱펠로우 : 미국·시인

重要結構

因習	仁勇	隣接	姻戚	賃貸	壬申
인습:전하여 내려오는 풍습. 전래되어 내려오는 풍습. 예固陋因習(고루인습)	인용:인(仁)과 용(勇). 곧, 어진 마음과 용기. 예仁勇謙讓(인용겸양)	인접:어떤 것이 이웃하여 있음. 옆에 닿아 있음. 예隣接國家(인접국가)	인척:혼인 관계를 통하여 이루어지는 친척(親戚). 예姻戚之間(인척지간)	임대:요금을 받고 물건이나 건물 등을 빌려 줌. 예賃貸契約(임대계약)	임신:육십 갑자의 아홉째. 예壬申誓記石(임신서기석)

因	習	仁	勇	隣	接	姻	戚	賃	貸	壬	申
인할 인	익힐 습	어질 인	날랠 용	이웃 린	붙일 접	혼인할 인	친척 척	품살 임	빌릴 대	천간 임	납 신

重要結構

교육부선정자

臨陣	立國	入荷	紫檀	姉妹	慈悲
임진:전쟁터에 나섬. 싸움터로 나감. 예臨陣無退(임진무퇴)	입국:①나라를 세움. ②국력을 길러 번영하게 함. 예工業立國(공업입국)	입하:하물(荷物)이 들어 옴. 짐을 들여 옴. 예出荷入荷(출하입하)	자단:콩과의 상록 활엽 교목. 나비 모양의 잘고 노란 꽃이 핌.	자매:손위의 누이와 손아래 누이. 예姉妹結緣(자매결연)	자비:중생들에게 복을 주고 괴로움을 없게 하는 일. 예慈悲心(자비심)
臨	陣	立	國	入	荷	紫	檀	姉	妹	慈	悲
임할 임	진칠 진	설 립	나라 국	들 입	멜 하	자주빛 자	박달나무단	맏누이 자	누이 매	사랑 자	슬플 비

重要結構

교육부선정자

刺傷	姿勢	雌雄	自意	昨曉	殘留
자상:칼같은 날카로운 기물에 찔린 상처. 예刺傷痕迹(자상흔적)	자세:사물을 대하는 마음가짐이나 태도. 예精神姿勢(정신자세)	자웅:①암컷과 숫컷. ②승부·우열 등의 뜻으로 이르는 말. 예家畜雌雄(가축자웅)	자의:자기의 생각이나 뜻. 자기 스스로의 생각. 예自意他意(자의타의)	작효:어제 새벽. 어제 날이 밝을 무렵.	잔류:남아서 처져 있음. 일부 남아있게 된 인력. 예殘留人士(잔류인사)

刺	傷	姿	勢	雌	雄	自	意	昨	曉	殘	留
찌를 자	상할 상	맵시 자	세력 세	암컷 자	수컷 웅	스스로 자	뜻 의	어제 작	새벽 효	남을 잔	머무를 류

重要結構

교육부선정자

潛在	暫定	長短	壯途	獎勵	帳簿
잠재 : 속에 숨어 겉으로 드러나지 아니함. 예潛在意識(잠재의식)	잠정 : 임시로 우선 정함. 잠시 임시로 정함. 예暫定延期(잠정연기)	장단 : ①길고 짧음. ②장점과 단점. ③곡조의 빠름과 느림. 예高低長短(고저장단)	장도 : 중대한 사명이나 뜻을 품고 떠나는 길. 예歸京壯途(귀경장도)	장려 : 권하여 좋은 일에 힘쓰도록 북돋아 줌. 예獎勵賞金(장려상금)	장부 : 돈이나 물건의 출납 · 수지 · 계산 등을 기록한 책. 예臺帳帳簿(대장장부)

潛	在	暫	定	長	短	壯	途	獎	勵	帳	簿
잠길 잠	있을 재	잠깐 잠	정할 정	길 장	짧을 단	씩씩할 장	길 도	권장할 장	힘쓸 려	휘장 장	장부 부

重要結構

교육부선정자

裝備	粧飾	葬地	將次	再建	材木
장비:일정한 장치와 설비를 갖추어 차림. 그 장치. 예登山裝備(등산장비)	장식:매만져 꾸밈. 또는 그 꾸밈새. 예化粧粧飾(화장장식)	장지:장사하여 시체를 묻는 땅. 죽은 이를 묻은 땅. 예葬地發靷(장지발인)	장차:앞으로, 미래의 어느 때에. 닥아올 미래의 어느 때에. 예將次將軍(장차장군)	재건:이미 없어졌거나 허물어진 것을 다시 일으켜 세움. 예都市再建(도시재건)	재목:건축·가구 등을 만드는 데 재료가 되는 나무. 예棟梁材木(동량재목)

裝	備	粧	飾	葬	地	將	次	再	建	材	木
꾸밀 장	갖출 비	단장할 장	꾸밀 식	장사지낼 장	땅 지	장수 장	버금 차	두 재	세울 건	재목 재	나무 목

裝	備	粧	飾	葬	地	將	次	再	建	材	木

오늘의 世界名言

♡ 인간의 영광은 한 번도 실패하지 않았다는 것이 아니고 쓰러질 때마다 다시 일어난다는 점에 있다.
골드스미스 : 영국·시인

교육부선정자

財寶	栽培	著書	抵觸	貯蓄	摘芽
재보:금·은 등의 귀하고 보배로운 재물. 例金銀財寶(금은재보)	재배:초목을 심어서 기름. 식물을 심어서 기름. 例花草栽培(화초재배)	저서:①책을 지음. 또는, 그 책. ②어떤 이가 저술한 책. 例不滅著書(불멸저서)	저촉:법률·규칙 등에 위반되거나 거슬림. 例抵觸行爲(저촉행위)	저축:①절약하여 모아 둠. ②소득 중 소비로 지출되지 아니한 부분.	적아:녹작물의 필요치 아니한 싹을 골라서 따버리는 일. 例摘芽紫檀(적아자단)

財	寶	栽	培	著	書	抵	觸	貯	蓄	摘	芽
재물 재	보배 보	심을 재	분돋을 배	나타날 저	글 서	막을 저	닿을 촉	쌓을 저	저축할 축	딸 적	싹 아

財	寶	栽	培	著	書	抵	觸	貯	蓄	摘	芽

重要結構

適宜	赤字	積載	專攻	傳承	展示
적의 : 알맞고 마땅함. 예適宜減量(적의감량)	적자 : 수입보다 지출이 많아 수지가 맞지 아니한 것. 예赤字黑字(적자흑자)	적재 : 물건 등의 짐을 선박·차·수레 등에 실음. 예積載車輛(적재차량)	전공 : 한 가지 부분을 전문적으로 공부하고 연구함. 예專攻科目(전공과목)	전승 : 문화·기술 등을 전하여 받아 계승함. 예遺産傳承(유산전승)	전시 : 여러 가지의 물품 등을 벌이어 보임. 예展示會場(전시회장)

適	宜	赤	字	積	載	專	攻	傳	承	展	示
맞을 적	마땅 의	붉을 적	글자 자	쌓을 적	실을 재	오로지 전	칠 공	전할 전	이을 승	펼 전	보일 시

오늘의 世界名言

♡ 중요한 것은 큰 뜻을 품고 그것을 실행에 옮길 수 있는 능력과 인내력을 갖는다는 것이다.
괴테 : 독일·시인·극작가

絕叫	占卜	漸進	蝶泳	停車	淨潔
절규:힘을 다하여 부르짖음. 예哀痛絕叫(애통절규)	점복:①점치는 일. ②점술(占術)과 복술(卜術) 예吉凶占卜(길흉점복)	점진:순서대로 조금씩 나아감. 점점 조금씩 나아감. 예漸進發展(점진발전)	접영:수영 영법(泳法)의 하나. 두 손을 동시에 앞으로 뻗쳐 물을 끌어당기는 수영.	정거:가던 도중 차가 멈춤. 또는 멈추게 함. 정차(停車). 예停車車輛(정거차량)	정결:청정(淸淨)하고 결백함. 맑고 깨끗함. 예淨潔衣服(정결의복)

絕	叫	占	卜	漸	進	蝶	泳	停	車	淨	潔
끊을 절	부르짖을 규	점칠 점	점칠 복	차차 점	나아갈 진	나비 접	헤엄칠 영	머무를 정	수레 거	깨끗할 정	깨끗할 결

교육부선정자

政局	精讀	丁卯	頂峯	情緒	靜肅
정국:정치의 국면(局面)이나 정계(政界)의 정세. 예非常政局(비상정국)	정독:자세한 곳까지 주의 깊게 살피어 꼼꼼히 읽음. 예論文精讀(논문정독)	정묘:육십갑자의 네째. 예丁卯胡亂(정묘호란)	정봉:산의 봉우리. 산의 맨 꼭대기의 봉우리. 예高山頂峯(고산정봉)	정서:본능을 기초로하여 급격하게 일어나는 온갖 감정. 예情緒敎育(정서교육)	정숙:실내·분위기 따위가 고요하고 엄숙함. 예室內靜肅(실내정숙)

政局	精讀	丁卯	頂峯	情緒	靜肅
정사 정 판 국	정할 정 읽을 독	고무래 정 토끼 묘	정수리 정 봉우리 봉	뜻 정 실마리 서	고요 정 엄숙할 숙

重要結構

貞淑	整形	製糖	堤防	諸位	齊唱
정숙:여자로서 행실이 곧고 마음씨가 고움. 예貞淑婦人(정숙부인)	정형:몸의 외형을 바르고 예쁘게 고침. 예整形手術(정형수술)	제당:설탕을 만듦. 설탕으로 또 다른 당류를 만듦. 예製糖工場(제당공장)	제방:강이나 바다 등에 홍수를 막기 위하여 쌓아 둔 둑. 예堤防施設(제방시설)	제위:여러분. 예先輩諸位(선배제위)	제창:여러 사람들이 다 같이 소리를 질러 부름. 예歌謠齊唱(가요제창)

貞	淑	整	形	製	糖	堤	防	諸	位	齊	唱
곧을 정	맑을 숙	정돈할 정	형상 형	지을 제	엿 당	둑 제	막을 방	모두 제	벼슬 위	가지런할 제	노래부를 창

교육부선정자

重要結構

類

교육부선정자

提携	鳥類	早晩	調査	祖上	朝夕
제휴:어떤 문제 해결이나 기술 등을 서로 붙들어 도와 줌. 예技術提携(기술제휴)	조류:몸은 깃털로 덮이고 날개가 있으며 온혈(溫血)·난생(卵生)인 새의 무리.	조만:이름과 늦음. 빠름과 더딤. 예早晩間(조만간)	조사:어떤 사실을 명확히 알기 위하여 자세히 살펴 봄. 예資料調査(자료조사)	조상:한 갈래의 혈통을 받아 오는 할아버지 이상의 어른. 예祖上始祖(조상시조)	조석:①아침과 저녁. ②「조석반」의 준말. 예朝夕晝夜(조석주야)

提	携	鳥	類	早	晩	調	査	祖	上	朝	夕
들 제	이끌 휴	새 조	무리 류	이를 조	늦을 만	고를 조	조사할 사	할아비 조	윗 상	아침 조	저녁 석

오늘의 世界名言

♡ 모든 인간적인 것은 슬프다. 유모어의 가장 깊은 근원은 기쁨이 아니라 슬픔이다. 천국에는 유모가 없다.
토우엘 : 독일·극작가

重要結構

교육부선정자

租税	燥濕	操縱	照準	組版	條項
조세 : 국가가 국민으로 부터 거두어 들이는 수입. 예租税徵收(조세징수)	조습 : 마름과 젖음. 바싹 마름과 축축히 젖음. 예乾燥濕氣(건조습기)	조종 : 기계 따위를 자기 마음대로 다루어 부림. 예背後操縱(제후조종)	조준 : 탄환·폭탄 등을 표적에 명중되도록 조정하는 일. 예照準發射(조준발사)	조판 : 원고에 따라 문선한 활자를 원고대로 맞추어 짜는 일. 예組版作業(조판작업)	조항 : 낱낱의 조목(條目)이나 세부항목(項目). 예禁止條項(금지조항)
租税	燥濕	操縱	照準	組版	條項
세금 조 / 세금 세	마를 조 / 젖을 습	지조 조 / 세로 종	비칠 조 / 법도 준	짤 조 / 조각 판	가지 조 / 목 항
利小厂三 / 利小凯	火焗山 / 汩熟	小巴八 / 糸从人	呾灬 / 淮二	幺小厂 / 片仮	仪小 / 工厍八

오늘의 世界名言

♡ 신이 우리들을 죽이기 위하여 절망을 보내는 것은 아니다. 신이 그것을 우리에게 주시는 것은, 우리 안에 새로운 생명을 불러 일으키기 위해서다.
헷세 : 독일·소설가·시인

族譜	尊卑	拙作	終了	宗廟	佐郎
족보 : 한 족속의 계통과 혈통에 관하여 기록한 책. 예家門族譜(가문족보)	존비 : 신분·지위 따위의 높음과 낮음. 예尊卑貴賤(존비귀천)	졸작 : ①졸렬한 작품. ②자기의 작품을 겸손히 이르는 말. 예本人拙作(본인졸작)	종료 : 사무나 작업 등 하던 일을 끝마침. 예業務終了(업무종료)	종묘 : 역대 제왕들의 위패를 모시는 왕실의 사당. 예宗廟社稷(종묘사직)	좌랑 : 고려·조선시대의 육조에 딸린 정5품의 벼슬. 예吏曹佐郎(이조좌랑)

族	譜	尊	卑	拙	作	終	了	宗	廟	佐	郎
겨레 족	계보 보	높을 존	낮을 비	옹졸할 졸	지을 작	마칠 종	마칠 료	마루 종	사당 묘	도울 좌	사내 랑

重要結構

丹

교육부선정자

坐禪	座席	左右	走狗	朱丹	株式
좌선:가부좌를 하고 정신을 집중한 무념무상의 상태. 예參禪坐禪(참선좌선)	좌석:①앉는 자리. ②여러 사람이 모인 자리. 예座席配置(좌석배치)	좌우:①왼쪽과 오른쪽. ②옆 또는 곁. 예左右衝突(좌우충돌)	주구:①사냥개. ②옆 또는 곁. 예走狗密告(주구밀고)	주단:곱고 붉은 색. 또는, 그 칠. 예丹靑朱丹(단청주단)	주식:주식회사의 자본을 이루는 단위. 예株式去來(주식거래)

坐	禪	座	席	左	右	走	狗	朱	丹	株	式
앉을 좌	고요할 선	자리 좌	자리 석	왼 좌	오른쪽 우	달아날 주	개 구	붉을 주	붉을 단	그루 주	법 식

오늘의 世界名言

♡ 고독하게 살아라! 그것은 말하기는 쉬워도 실행하기는 극히 어렵다. 거의 절대적으로 어려운 일이다.
뤼케르트 : 독일·시인

重要結構

晝夜	周圍	注油	主治	住宅	俊秀
주야:①밤과 낮. ②밤낮을 가리지 않고 계속하는 일.예晝夜不息(주야불식)	주위:①어떤 지점의 바깥 둘레. ②사물·사람 등을 둘러싸고 있는 환경.	주유:차량·선박·항공기 등에 기름을 넣는 것. 예注油給油(주유급유)	주치:주로 맡아서 치료한 한 사람의 의사가 치료를 주관함. 예主治醫(주치의)	주택:사람이 생활하면서 살 수 있도록 지은 집. 예住宅團地(주택단지)	준수:①재주와 슬기가 남달리 뛰어남. ②풍채가 썩 빼어남. 예容貌俊秀(용모준수)
晝	夜	周	圍	注	油	主	治	住	宅	俊	秀
낮 주	밤 야	두루 주	둘레 위	물댈 주	기름 주	주인 주	다스릴 치	머무를 주	집 택	준걸 준	빼어날 수

重要結構

교육부선정자

遵守	中央	卽效	證據	贈賜	增産
준수 : 규칙이나 명령 등을 그대로 좇아서 지킴. 예規則遵守(규칙준수)	중앙 : 사방의 한가운데. 중심이 되는 중요한 것. 예中央部署(중앙부서)	즉효 : 즉시에 나타나는 효력. 효과가 빠른 것. 예處方卽效(처방즉효)	증거 : 어떤 문제의 사실을 증명할 수 있는 근거. 예證據湮滅(증거인멸)	증사 : 증정(贈呈)과 하사(下賜). 보내고 주는 것.	증산 : 식량 또는 공산품 등의 생산을 증가함. 예食糧增産(식량증산)

遵	守	中	央	卽	效	證	據	贈	賜	增	産
따를 준	지킬 수	가운데 중	가운데 앙	곧 즉	본받을 효	증거 증	의거할 거	줄 증	줄 사	더할 증	낳을 산

重要結構

교육부선정자

曾孫	止揚	支拂	遲延	枝葉	指針
증손 : 손자의 아들. 「증손자(曾孫子)」의 준말. 예曾孫女(증손녀)	지양 : 어떤 것을 자체로는 부정하면서도 한층 높은 단계에서는 긍정으로 살리는 일.	지불 : ①돈을 치러 줌. ②물건 값을 갚아 줌. 예貸金支拂(대금지불)	지연 : 시간을 늦추거나 시간이 늦추어 짐. 예決定遲延(결정지연)	지엽 : ①식물의 가지와 잎. ②중요하지 아니한 부분. 예花草枝葉(화초지엽)	지침 : 생활이나 행동 등의 방향과 방법같은 것을 인도하여 주는 길잡이.

曾	孫	止	揚	支	拂	遲	延	枝	葉	指	針
일찍 증	손자 손	그칠 지	나타날 양	지탱할 지	떨칠 불	더딜 지	끝 연	가지 지	잎사귀 엽	손가락 지	바늘 침

重要結構

眞

교육부선정자

智慧	直徑	陳述	眞僞	振幅	珍品
지혜:사물의 이치를 깨달아 생각해 내는 재능. 예才致智慧(재치지혜)	직경:「지름」의 구용어. 원이나 구의 중심을 지나서 그 둘레의 두 점을 이은 선.	진술:서면 또는 구술로 자세하게 말함. 예陳述拒否(진술거부)	진위:참과 거짓. 예眞僞判斷(진위판단)	진폭:진동하는 물체의 원점으로 부터 가장 많이 이동한 거리.	진품:진귀한 물품. 보배롭고 귀한 물품. 예珍品名品(진품명품)

智慧 直徑 陳述 眞僞 振幅 珍品

| 지혜 지 | 지혜 혜 | 곧을 직 | 지름길 경 | 벌일 진 | 지을 술 | 참 진 | 거짓 위 | 떨칠 진 | 넓이 폭 | 보배 진 | 품수 품 |

智慧 直徑 陳述 眞僞 振幅 珍品

♡ 어떤 일도 견딜 수 있는 사람은 어떤 일도 끝까지 실천할 수 있는 사람이다. 인내는 희망을 자아내는 기술이다.
보브날그 : 프랑스 · 모랄리스트

重要結構

교육부선정자

秩序	質疑	執權	懲戒	借用	此際
질서 : 진행하는 사람 또는 사물의 차례나 순서. 예交通秩序(교통질서)	질의 : 어떤 문제의 의심이 나는 점을 물어서 밝힘. 예質疑內容(질의내용)	집권 : 정치의 운영 권력인 정권을 잡음. 예執權與黨(집권여당)	징계 : 허물을 뉘우치도록 경계하고 나무람. 예懲戒處分(징계처분)	차용 : 돈이나 물건 등을 빌려서 씀. 특히 돈을 꾸어쓰는 것. 예借用金(차용금)	차제 : 이 기회. 이 즈음. 예此際分明(차제분명)

秩	序	質	疑	執	權	懲	戒	借	用	此	際
차례 질	차례 서	바탕 질	의심할 의	잡을 집	권세 권	징계할 징	경계할 계	빌릴 차	쓸 용	이 차	즈음 제
秩	序	質	疑	執	權	懲	戒	借	用	此	際

重要結構

교육부선정자

差出	錯誤	贊反	讚頌	慙愧	倉庫
차출:①어떤 일을 시키려고 사람을 뽑아 냄. ②관원을 임명함. 예人員差出(인원차출)	착오:실재의 것으로 착각하여 잘못함. 예錯誤發生(착오발생)	찬반:찬성(贊成)과 반대(反對). 찬부(贊否). 예贊反投票(찬반투표)	찬송:아름답고 어진 덕을 기리어 칭찬함. 예讚美讚頌(찬미찬송)	참괴:마음이나 양심에 부끄럽게 여김. 예慙愧唐慌(참괴당황)	창고:물건을 저장하거나 보관하는 건물. 예倉庫管理(창고관리)

差	出	錯	誤	贊	反	讚	頌	慙	愧	倉	庫
어긋날 차	날 출	그를 착	그릇 오	찬성할 찬	돌이킬 반	기릴 찬	칭송할 송	부끄러울참	부끄러울괴	창고 창	창고 고

重要結構

教育部選定漢字

교육부선정자

蒼空	暢達	創造	滄波	債務	採擇
창공:드높은 푸른 하늘. 창천(蒼天). 예蒼空飛行(창공비행)	창달:①구김살없이 펴거나 자람. ②막힘이 없이 통함. 예文化暢達(문화창달)	창조:①어떤 목적으로 문화·물질적 가치를 이룩함. ②조물주가 처음 만듦.	창파:푸른 물결. 창랑(滄浪). 예萬頃滄波(만경창파)	채무:채무자가 채권자에게 어떤 급부를 해야할 의무. 예債務債權(채무채권)	채택:어떤 목적의 여러 방법 중 가려서 뽑음. 예方案採擇(방안채택)

蒼	空	暢	達	創	造	滄	波	債	務	採	擇
푸를 창	하늘 공	화창할 창	통달할 달	비로소 창	지을 조	큰바다 창	물결 파	빚질 채	힘쓸 무	캘 채	가릴 택

오늘의 世界名言

♡ 내세의 행복이 현재의 그 것과 같이 자세하게 이해된 다면, 살고 있다는 것은 고 통스럽게 될 것이다.

토머스 브라운 : 영국 · 저술가

重要結構

교육부선정자

策 略	冊 曆	悽 慘	斥 候	薦 拔	千 弗
책략 : 일을 처리하는 꾀와 방법. 책모(策謀). 예 方法策略 (방법책략)	책력 : 천체를 관찰하여 해와 달의 운행 및 절기 등을 적어 놓은 책.	처참 : 어떤 사태로 인하여 빚어진 슬프고 참혹한 광경. 예 慘酷悽慘(참혹처참)	척후 : 적의 형편이나 동정 · 지형 등을 정찰하고 탐색함. 예 斥候偵察(척후정찰)	천발 : 어떤 일에 적합하거나 뛰어난 인재를 뽑아 추천함. 예 人材薦拔(인재천발)	천불 : 불화(弗貨)인 달러(Dallar)로 천달러를 말함. 예 美貨千弗(미화천불)

策	略	冊	曆	悽	慘	斥	候	薦	拔	千	弗
꾀 책	간략할 략	책 책	책력 력	슬플 처	슬플 참	내칠 척	염탐할 후	드릴 천	뺄 발	하늘 천	다행 행

오늘의 世界名言

♡ 기쁜 마음으로 일하고, 그리고 행한 일을 기뻐할 수 있는 사람은 행복하다.
괴테 : 독일·시인·극작가

重要結構

泉井	天幸	鐵鋼	徹底	尖兵	添酌
천정:샘과 우물	천행:하늘이 도와준 다행. 하늘이 준 은혜. 예千萬天幸(천만천행)	철강:강철. 기계나 기구 등의 재료로 쓰이는 철. 예鐵鋼資材(철강자재)	철저:속속들이 투철하여 빈틈이 없음. 예調査徹底(조사철저)	첨병:전투 지역의 행군에서 부대의 전방을 경계·수색하는 소부대. 또는 그 군사.	첨작:제사 때에 종헌을 드린 잔에 다시 술을 가득히 붓는 일.

泉	井	天	幸	鐵	鋼	徹	底	尖	兵	添	酌
일천 천	아니 불	샘 천	우물 정	쇠 철	강철 강	관철할 철	밑 저	뾰족할 첨	군사 병	더할 첨	잔질할 작

重要結構

교육부선정자

妾室	青銅	晴朗	清掃	初段	抄本
첩실:본처가 아닌 '첩'을 점잖게 이르는 말. 또는 상스럽게 조롱하는 말.	청동:구리와 주석을 주성분으로 하고 아연·납 등을 섞은 합금. 예青銅器(청동기)	청랑 : 날씨 등이 맑고 명랑함. 예晴朗蒼空(청랑창공)	청소:더러운 것들을 없애고 깨끗이 하는 것. 예清掃當番(청소당번)	초단:①계단 등의 첫 단. ②태권도·유도·바둑 따위의 첫 번째 단. ③그것들의 1단.	초본:원본에서 일부 내용만을 뽑아서 베낀 문서. 예戶籍抄本(호적초본)

妾室	青銅	晴朗	清掃	初段	抄本
첩 첩	집 실	푸를 청	구리 동	갤 청	밝을 랑	맑을 청	쓸 소	처음 초	층계 단	베낄 초	근본 본

妾	室	青	銅	晴	朗	清	掃	初	段	抄	本

妾	室	青	銅	晴	朗	清	掃	初	段	抄	本

오늘의 世界名言

♡ 행복이란 같은 취미와 같은 의견을 가진 사람들의 교제로써 촉진된다. 인간적 행복을 원하는 사람은 칭찬을 더 많이 하고 시기심을 줄여야만 한다.
러셀 : 영국·철학자·평론가

교육부선정자

招聘	肖似	超越	燭淚	寸陰	銃劍
초빙:예를 갖추어 불러 맞아들임. 예招聘講師(초빙강사)	초사:매우 닮음. 예肖似近似(초사근사)	초월:일정한 한계나 영역을 뛰어 넘음. 예限界超越(한계초월)	촉루:촛농. 초가 탈 때에 녹아내리는 기름. 예燭淚犧牲(촉루희생)	촌음:썩 짧은 시간. 얼마 안 되는 시간. 예寸陰寸刻(촌음촌각)	총검:①총과 검. ②총의 끝에 잇는 대검(帶劍). 예銃劍技術(총검기술)
招	聘	肖	似	超	越	燭	淚	寸	陰	銃	劍
부를 초	부를 빙	같을 초	같을 사	넘을 초	넘을 월	촛불 촉	눈물 루	마디 촌	그늘 음	총 총	칼 검
小리口	댄빙	백刀二	似人	走人켬	走人戌	火甲旦	氵ﾉ犬	小、	引今云	쇠钅치儿	今ㅆ刂

오늘의 世界名言

♡ 미소라는 것은 정신이 우수하고 훌륭하다는 가장 미묘하고 역연한 징표이다.
생트 뵈브 : 프랑스·비평가·시인

교육부선정자

聰氣	總額	最低	催促	推步	抽象
총기: 총명한 기운. 총명한 기질. 예聰氣潑剌(총기발랄)	총액:전체의 합한 액수. 모두 합한 액수. 예合計總額(합계총액)	최저:가장 낮음. 제일 낮음. 가장 밑바닥. 예最低價格(최저가격)	최촉 : 재촉. 빨리 이행할 것을 요구함. 예催促請求(최촉청구)	추보:천체의 운행을 관측하여 역(曆)을 만드는 일.	추상: 공통된 성질을 뽑아 이를 일반적인 개념으로 파악함. 예抽象概念(추상개념)

聰	氣	總	額	最	低	催	促	推	步	抽	象
귀밝을 총	기운 기	거느릴 총	이마 액	가장 최	낮을 저	재촉할 최	재촉할 촉	밀 추	걸음 보	뽑을 추	코끼리 상

聰	氣	總	額	最	低	催	促	推	步	抽	象

重要結構

교육부선정자

秋收	醜雜	追徵	祝賀	築港	春夏
추수:가을에 익은 곡식을 거두어들임. 가을걷이. 추확(秋穫). 예秋收感謝(추수감사)	추잡:말이나 행동 따위가 더럽고 잡스러움. 예醜雜行實(추잡행실)	추징:세금 등을 나중에 추가로 물리어 거둠. 예稅金追徵(세금추징)	축하:남의 좋은 일에 기쁜 뜻으로 인사를 하는 것. 예祝賀膳物(축하선물)	축항:항구(港口)를 구축함. 또는 그 항구. 항구를 만듦. 예築港施設(축항시설)	춘하:봄여름. 봄과 여름. 예春夏秋冬(춘하추동)

秋	收	醜	雜	追	徵	祝	賀	築	港	春	夏
가을 추	거둘 수	추할 추	섞일 잡	쫓을 추	부를 징	빌 축	하례 하	쌓을 축	항구 항	봄 춘	여름 하

重要結構

교육부선정자

衝突	醉客	取捨	層階	測量	恥辱
충돌:①서로 맞부딪침. ②의견이 서로 맞섬. 예意見衝突(의견충돌)	취객:술에 취한 사람. 예醉客醉漢(취객취한)	취사:쓸 것은 쓰고 버릴 것은 버리는 것. 예取捨選擇(취사선택)	층계:층층이 위로 올라가도록 만들어 놓은 설비. 계단. 예層階階段(층계계단)	측량:물건의 크기나 위치 등을 재어서 헤아림. 예測量器械(측량기계)	치욕:부끄러움과 욕됨. 수치와 모욕. 예恥辱歷史(치욕역사)

衝	突	醉	客	取	捨	測	量	層	階	恥	辱
찌를 충	부딪칠 돌	취할 취	손 객	취할 취	버릴 사	층 층	섬돌 계	측량할 측	헤아릴 량	부끄러울치	욕될 욕

重要結構

교육부선정자

親睦	漆黑	寢臺	沈默	枕屏	浸透
친목:서로 친하여 뜻이 맞고 서로 정답게 지냄. 예親睦圖謀(친목도모)	칠흑:옻칠처럼 검고 광택이 있음. 또는 그런 빛깔. 예漆黑深夜(칠흑심야)	침대:사람이 누워 잘 수 있게 만든 가구. 곧 침상(寢床). 예寢臺家具(침대가구)	침묵:아무 말 없이 잠잠히 있음. 대꾸 없이 입을 다묾. 예始終沈默(시종침묵)	침병 : 머릿병풍. 머리맡에 치는 작은 병풍. 예枕屏曲屏(침병곡병)	침투:①액체 등이 스미어 젖어 들어감. ②현상·군사·사상 등이 스며 듦.

親	睦	漆	黑	寢	臺	沈	默	枕	屏	浸	透
친할 친	화목할 목	옻칠할 칠	검을 흑	잠잘 침	토대 대	잠길 침	잠잠할 묵	베게 침	병풍 병	적실 침	통할 투

親	睦	漆	黑	寢	臺	沈	默	枕	屏	浸	透

오늘의 世界名言

♡ 인간이 이 세상에 존재하는 것은 부자가 되기 위해서가 아니라 행복하게 되기 위해서이다.
　스탕달 : 프랑스·소설가

重要結構

교육부선정자

快哉	墮落	打鍾	妥協	琢磨	炭鑛
쾌재 : 통쾌한 일. 또는 '통쾌하다'고 하는 말. 예快哉快感(쾌재쾌감)	타락 : 올바른 길에서 벗어나 나쁜 행실에 빠짐. 예墮落天使(타락천사)	타종 : 종을 침. 예打鍾信號(타종신호)	타협 : 양편 모두 서로 양보하여 좋도록 협의함. 예妥協方案(타협방안)	탁마 : ①옥석을 쪼고 갊. ②학문이나 덕행을 닦음. 예切磋琢磨(절차탁마)	탄광 : 「석탄광(石炭鑛)」의 준말. 석탄을 캐내는 광산. 예炭鑛坑口(탄광갱구)

快	哉	墮	落	打	鐘	妥	協	琢	磨	炭	鑛
쾌할 쾌	어조사 재	떨어질 타	떨어질 락	칠 타	쇠북 종	타협할 타	도울 협	다듬을 탁	갈 마	숯 탄	쇳덩이 광

重要結構

교육부선정자

歎聲	脫線	貪慾	殆半	泰山	太陽
탄성:①탄식하는 소리. ②감탄·감격하는 소리. 예歎聲喊聲(탄성함성)	탈선:①기차 따위가 궤도를 벗어남. ②언행이 나쁜 방향으로 빗나감의 비유.	탐욕:지나치게 탐하는 욕심. 예陰凶貪慾(음흉탐욕)	태반:거의 절반. 절반에 가까운 수량이나 수효. 예殆半誤答(태반오답)	태산:①썩 높고 큰 산. ②'크고 많음'을 비유한 말. 예念慮泰山(염려태산)	태양:태양계의 중심에 위치하며 지구에서 가장 가까운 항성. 예民族太陽(민족태양)
歎	聲	脫	線	貪	慾	殆	半	泰	山	太	陽
탄식할 탄	소리 성	벗을 탈	실 선	탐낼 탐	욕심 욕	위태할 태	반 반	클 태	뫼 산	클 태	볕 양

重要結構

교육부선정자

吐露	討伐	土壤	統帥	痛症	退却
토로 : 속 마음을 다 드러내어서 말함. 예心情吐露(심정토로)	토벌 : 반란자 등 적이 되어 맞서는 무리를 병력으로 공격하여 없앰.	토양 : 곡물 등이 생장할 수 있는 흙. 예土壤汚染(토양오염)	통수 : 일체를 통합하여 거느림. 또는 그런 사람. 통령(統領). 예大統領統帥(대통령통수)	통증 : 병이나 상처 따위로 어떤 부위의 아픈 증세. 예痛症治療(통증치료)	퇴각 : 전투나 공세 따위에 밀리어 뒤로 물러감. 예退却命令(퇴각명령)
吐 露	討 伐	土 壤	統 帥	痛 症	退 却
토할 로	이슬 로	칠 토	칠 벌	흙 토	땅 양	거느릴 통	거느릴 수	아플 통	병세 증	물러날 퇴	물리칠 각

重要結構

교육부선정자

投資	特殊	派遣	頗多	罷免	播種
투자 : 이익을 얻을 목적으로 사업 등에 자금을 댐. 출자. 예投資信託(투자신탁)	특수 : 보통의 것과는 특별이 다름. 예特殊狀況(특수상황)	파견 : 일정한 임무나 사명을 주어 사람을 현지로 보냄. 예海外派遣(해외파견)	파다 : 자못 많음. 매우 많음. 또는 그런 상태. 예所聞頗多(소문파다)	파면 : 잘못 등이 있어 직무나 직업에서 쫓아냄. 예罷免處分(파면처분)	파종 : 논밭에 곡식의 씨앗을 뿌리는 일. 예播種時期(파종시기)
投	資	特	殊	派	遣	頗	多	罷	免	播	種
던질 투	재물 자	특별할 특	다를 수	물갈래 파	보낼 견	치우칠 파	많을 다	파할 파	면할 면	뿌릴 파	씨 종

오늘의 世界名言

♡ 천재, 그것은 결코 없다. 다만 노력과 방법이 있을 뿐이다. 부단히 계획하는 데 있다.

　로뎅 : 프랑스 · 조각가

敎育部選定漢字

重要結構

端

교육부선정자

破片	販路	編修	平和	廢棄	弊端
파편:깨어진 조각. 깨어져 부서진 조각. 예傷處破片(상처파편)	판로:상품이 팔리는 방면이나 길. 예販路擴張(판로확장)	편수:여러 가지 자료를 모아 책을 지어냄. 예編修資料(편수자료)	평화:①평온하고 화목함. ②전쟁이 없이 세상이 평온함. 예戰爭平和(전쟁평화)	폐기:①못쓰는 것을 내버림. ②조약·명령 따위를 무효로 함.	폐단:어떤 일이나 행동에 있어서 옳지 못한 경향이나 해로운 현상.

破片	販路	編修	平和	廢棄	弊端
깨뜨릴 파	조각 편	팔 판	길 로	엮을 편	닦을 수	평평할 평	화목할 화	폐할 폐	버릴 기	폐단 폐	끝 단

敎育部選定漢字

重要結構

閉

교육부선정자

閉幕	捕捉	飽腹	浦村	包含	爆彈
폐막:①연극 따위가 다 끝나 막을 내림. ②어떤 행사 따위가 끝남.	포착:①꼭 붙잡음. ②요점·요령을 얻음. ③어떤 기회 등을 앎. 예機會捕捉(기회포착)	포복:배부르게 먹음. 포식. 예飽服飽食(포복포식)	포촌:바다의 갯가에 있는마을. 예漁村浦村(어촌포촌)	포함:일정한 사물 속에 함께 들어 있거나 함께 넣음. 예稅金包含(세금포함)	폭탄:금속 용기에 폭발약을 장치한 탄알. 「폭발탄(爆發彈)」준말. 예核爆彈(핵폭탄)

閉	幕	捕	捉	飽	腹	浦	村	包	含	爆	彈
닫을 폐	장막 막	잡을 포	잡을 착	배부를 포	배 복	물가 포	마을 촌	쌀 포	머금을 함	폭발할 폭	탄환 탄

闭	幕	捕	捉	飽	腹	浦	村	包	含	爆	彈

오늘의 世界名言

♡ 나는 완고(頑固)한 덕보다는 융통성이 있는 악덕을 좋아한다.
몰리에르 : 프랑스 · 극작가

教育部選定漢字

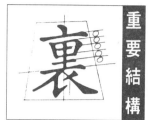

重要結構

裏

교육부선정자

漂流	表裏	標識	楓菊	風霜	豊穫
표류:①물에 떠서 흘러감. ②정처 없이 떠돌아다님. 예失踪漂流(실종표류)	표리:겉과 속. 안과 밖. 예表裏不同(표리부동)	표지:다른 것과 구별하여 알게 하는데 필요한 표시나 특징. 예標識(표식)	풍국:①단풍(丹楓)과 국화(菊花). 예霜露楓菊(상로풍국)	풍상:①바람과 서리. ②세상의 모진 고난이나 고통을 비유. 예世波風霜(세파풍상)	풍확:풍요(豊饒)와 수확(收穫). 곧 풍성한 수확이란 말. 예秋收豊穫(추수풍확)

漂	流	表	裏	標	識	楓	菊	風	霜	豊	穫
뜰 표	흐를 류	거죽 표	속 리	표할 표	기록할 지	단풍 풍	국화 국	바람 풍	서리 상	풍년 풍	거둘 확
漂	流	表	裏	標	識	楓	菊	風	霜	豊	穫

重要結構

교육부선정자

皮膚	彼我	被侵	疲怠	畢竟	匹夫
피부:동물의 몸을 싸고 있는 조직. 살갗. 예皮膚感覺 (피부감각)	피아:①저와 나. 저편과 이편. ②적군과 아군. 예彼我之間(피아지간)	피침:침범이나 저촉을 당함. 예敵軍被侵(적군피침)	피태:피곤(疲困)과 태만(怠慢).	필경:마침내. 결국에는. 예畢竟逃走(필경도주)	필부:①한 사람의 남자. ②대수롭지 않은 평범한 남자. 예匹夫之勇(필부지용)

皮	膚	彼	我	被	侵	疲	怠	畢	竟	匹	夫
가죽 피	살갗 부	저 피	나 아	입을 피	범할 침	고달플 피	게으를 태	마칠 필	마침내 경	짝 필	지아비 부

오늘의 世界名言

♡ 매일을 그대를 위한 최후의 날이라고 생각하라. 그렇게 하면 기대하지도 않던 오늘을 얻어 기쁨을 맛볼 것이다.

호라티우스 : 로마·시인

教育部選定漢字

重要結構

교육부선정자

必須	河川	閑暇	寒暑	旱炎	汗蒸
필수:꼭 필요함. 꼭 하여야 하거나 있어야 함. 예必須科目(필수과목)	하천:시내. 강. 예河川敷地(하천부지)	한가:별로 할 일이 없이 틈이 있음 예閑暇時間(한가시간)	한서:①추위와 더위. ②겨울과 여름. 서한. 예溫冷寒暑(온냉한서)	한염:가물 때의 불꽃 같은 더위. 가뭄의 불볕 더위. 예盛夏旱炎(성하한염)	한증:몸을 덥게 하고 땀을 내어 병을 치료하는 일. 예汗蒸幕室(한증막실)
必須	河川	閑暇	寒暑	旱炎	汗蒸
반드시 필	모름지기 수	물 하	내 천	한가할 한	겨를 가	찰 한	더울 서	가물 한	불꽃 염	땀 한	증기 증

교육부선정자

割引	陷沒	咸池	合格	抗拒	巷説
할인 : 일정한 값에서 얼마간의 값을 감함. 예割引價格(할인가격)	함몰 : ①물 속이나 땅 속으로 모짝 빠짐. ②재난을 당해 멸망함.	함지 : 동쪽에서 돋아 서쪽으로 해가 진다고 하는 큰 못.	합격 : 일정한 자격을 얻기 위한 시험 · 검사 따위에 통과함. 예合格通知(합격통지)	항거 : 대항함. 순종하지 아니하고 맞서서 반항함. 예無言抗拒(무언항거)	항설 : 항간에서 뭇 사람 사이에 떠도는 말. 항담. 가담. 예巷説巷語(항설항어)

割	引	陷	沒	咸	池	合	格	抗	拒	巷	説
나눌 할	끌 인	빠질 함	빠질 몰	다 함	못 지	합할 합	법식 격	항거할 항	항거할 거	거리 항	말씀 설

오늘의 世界名言

♡ 현명한 사람은 한 번의 인생으로 충분하지만, 어리석은 사람은 영원한 생명을 주었다 해도 그것을 어떻게 써야 좋을지 모를 것이다.
솔제니친 : 미국·망명소설가

교육부선정자

恒時	奚琴	該博	核心	行脚	享祀
항시:①늘. 항상(恒常)·상시(常時). 「평상시(平常時)의 준말. 예恒時運動(항시운동)	해금:둥근 나무통에 긴 나무를 박고 두 가닥의 줄을 맨 민속 악기의 하나.	해박:학문이 넓음. 여러 방면으로 학식이 넓음. 예該博知識(해박지식)	핵심:사물의 중심이 되는 가장 요긴한 부분. 알맹이. 예核心人物(핵심인물)	행각:어떤 목적으로 여기저기 돌아다님. 예愛情行脚(애정행각)	향사:제사(祭祀). 신령이나 죽은 이의 넋을 달래기 위한 정성을 나타내는 의식.

恒	時	奚	琴	該	博	核	心	行	脚	享	祀
항상 항	때 시	어찌 해	거문고 금	해당할 해	너를 박	씨 핵	마음 심	갈 행	다리 각	누릴 향	제사 사

오늘의 世界名言

♡ 희망은 한 치 앞도 볼 수 없는 바다 위가 아니면, 그 아름다운 나래를 펼칠 수가 없다.
에머슨 : 미국·사상가·시인

重要結構

香臭	許諾	軒燈	憲法	革新	現代
향취:① 향 냄새. 향기. ②향을 피울 때 나는 좋은 냄새. 예香臭漫然(향취만연)	허락:청하고 바라는 바를 들어줌. 예外出許諾(외출허락)	헌등:처마 밑에 다는 등. 예玄關軒燈(현관헌등)	헌법:국가의 통치체제에 관한 근본 원칙을 정한 기본법. 예憲法改定(헌법개정)	혁신:묵은 풍속·관습·조직·방법 등을 바꾸어 새롭게 함. 예革新主義(혁신주의)	현대:①지금의 이 시대. ②역사학에서의 시대 구분의 하나. 예現代建物(현대건물)

香	臭	許	諾	軒	燈	憲	法	革	新	現	代
향기 향	냄새 취	허락할 허	허락 락	추녀끝 헌	등잔 등	법 헌	법 법	가죽 혁	새 신	나타날 현	대신할 대
香	臭	許	諾	軒	燈	憲	法	革	新	現	代

오늘의 世界名言

♡ 여자는, 커다란 잘못은 용서할 것이다. 그러나 작은 모욕은 결코 잊어 버리지 않는다.
— 토머스 해리버튼 : 영국·작가

重要結構

居

懸賞	弦月	賢哲	顯忠	穴居	血脈
현상:어떤 목적으로 조건을 붙여 상금이나 상품을 내거는 일. 예懸賞金(현상금)	현월:초승달. 초승에 돋는 눈썹처럼 가느다란 조각달. 예初月弦月(초월현월)	현철:어질고 사리에 밝음. 또는 그 사람. 예明哲賢哲(명철현철)	현충:충혈을 드러내어 기림. 또는 기리는 그 충렬. 예顯出忠烈(현출충렬)	혈거:동굴 속에서 삶. 굴에서 삶. 예穴居野處(혈거야처)	혈맥:①피가 도는 줄기. ②혈통(血統). ③승계를 잇는 제자. 예血脈相通(혈맥상통)

懸	賞	弦	月	賢	哲	顯	忠	穴	居	血	脈
매달 현	상줄 상	활시위 현	달 월	어질 현	밝을 철	나타날 현	충성 충	구멍 혈	살 거	피 혈	혈맥 맥

重要結構

오늘의 世界名言

♡ 진리는 진리의 체계 속에 갇혀지면 상실된다고 확신한다. 체계는 부분이 서로 지탱하며 유지되는 세계라서 결코 사고(思考)가 아니다.
아랑 : 프랑스·소설가

교육부선정자

刑罰	螢雪	兄弟	亨通	豪傑	好言
형벌 : 범죄를 저지른 사람에게 벌로 주는 제재(制裁). 예刑罰主義(형벌주의)	형설 :「반딧불과 눈빛으로 글을 읽었다는 고사」로 고생하면서 꾸준히 학업을 닦음.	형제 : ①형과 아우. 곤계(昆季). ②동기(同氣). ③같은 민족. 예兄弟姉妹(형제자매)	형통 : 모든 일들이 뜻하는 데로 잘 되어감. 예萬事亨通 (만사형통)	호걸 : 지용(智勇)이 뛰어나고 도량과 기개를 갖춘 사람. 예英雄豪傑(영웅호걸)	호언 : 친절하고 좋은 말.
刑罰	螢雪	兄弟	亨通	豪傑	好言

형벌 형	벌줄 벌	반딧불 형	눈 설	맏 형	아우 제	형통할 형	통할 통	호걸 호	호걸 걸	좋을 호	말씀 언

重要結構

教育部選定漢字

교육부선정자

浩然	胡笛	戶籍	互惠	或者	婚談
호연:①마음이 넓고 태연함. ②물의 흐름이 그침없음. 예浩然之氣(호연지기)	호적:태평소. 단단한 나무의 속을 파서 만든 국악기의 한 가지. 날라리.	호적:한집안의 호주를 중심으로 본적·성명·생년월일 등을 차례로 적은 공문서.	호혜:서로 특별한 편익을 주고받는 일 예互惠貿易(호혜무역)	혹자:①어떤 사람. ②혹시(或是). 예或者誤認(혹자오인)	혼담:혼인에 관하여 오가는 말. 연담(緣談). 예男女婚談(남녀혼담)

浩	然	胡	笛	戶	籍	互	惠	或	者	婚	談
넓을 호	그러할 연	오랑캐 호	저 적	집 호	호적 적	서로 호	은혜 혜	혹 혹	놈 자	혼인할 혼	말씀 담

教育部選定漢字

重要結構

교육부선정자

混濁	紅蓮	洪水	鴻雁	弘益	禾穀
혼탁 : ①불순한 것들이 섞여 흐림. ②정치 · 사회 현상 따위가 어지럽고 흐림.	홍련 : 붉은 연꽃.	홍수 : ①장마로 번창하는 큰 물. ①사물 등이 아주 많음. 예洪水氾濫(홍수범람)	홍안 : 큰 기러기와 작은 기러기. 예飛鳥鴻雁(비조홍안)	홍익 : ①큰 이익. ②널리 이롭게 함. 예弘益人間(홍익인간)	화곡 : 벼. 벼에 딸린 곡식의 총칭. 예禾穀糧食(화곡양식)

混	濁	紅	蓮	洪	水	鴻	雁	弘	益	禾	穀
썩을 혼	흐릴 탁	붉을 홍	연꽃 연	클 홍	물 수	기러기 홍	기러기 안	넓을 홍	더할 익	벼 화	곡식 곡
混	濁	紅	蓮	洪	水	鴻	雁	弘	益	禾	穀

重要結構

교육부선정자

畵廊	華麗	火災	貨幣	確認	擴充
화랑:①그림 등 미술품을 전시하는 시설. ②화상(畵商)이 경영하는 전시장.	화려:빛나고 아름다움. 빛나고 고움. 화미(華美). 例華麗江山(화려강산)	화재:불이 나는 재앙. 불에 의한 재앙. 例火災保險(화재보험)	화폐:상품 교환을 매개하며 지급 수단으로써 사용되는 돈. 例貨幣價値(화폐가치)	확인:①확실히 인정함. ②특정의 사실 또는 법률 관계의 존부(存否)를 인정함.	확충:늘리고 넓혀서 충실하게 함. 例人員擴充(인원확충)

畵	廊	華	麗	火	災	貨	幣	確	認	擴	充
그림 화	행랑 랑	빛날 화	고울 려	불 화	재앙 재	재물 화	화폐 폐	확실할 확	인정할 인	늘릴 확	채울 충

重要結構

교육부선정자

環境	丸藥	歡迎	換錢	活動	荒唐
환경:생물이나 인간을 둘러싸고 직접·간접으로 영향을 주는 자연적·사회적 상황.	환약:약재를 가루로 만들어 작고 둥글게 빚은 알약. 예丸藥湯劑(환약탕제)	환영:기쁜 마음으로 맞음. 기쁘게 맞음. 예入國歡迎(입국환영)	환전:서로 종류가 다른 화폐와 화폐를 교환하는 일. 환금(換金).	활동:①활발하게 움직임. ②어떤 일의 성과를 거두기 위해 애씀. 예活動力(활동력)	황당:언행이 거칠고 거짓이 많음. 터무니없고 허황함. 예荒唐無稽(황당무계)

環	境	丸	藥	歡	迎	換	錢	活	動	荒	唐
고리 환	지경 경	알 환	약 약	기쁠 환	맞을 영	바꿀 환	돈 전	살 활	움직일 동	거칠 황	당나라 당

教育部選定漢字

重要結構

교육부선정자

黃昏	皇帝	懷抱	會話	獲得	橫暴
황혼:①해가 지고 어둑어둑할 때. ②한창인 고비를 지나 종말에 이르른 때.	황제:제국 군주의 존칭. 예中國皇帝(중국황제)	회포:마음 속에 품은 생각. 예追憶懷抱(추억회포)	회화:서로 만나서 이야기함. 또는, 만나서 하는 이야기. 예英語會話(영어회화)	획득:얻어서 가짐. 얻어내거나 얻어 가짐. 예資格獲得(자격획득)	횡포:제멋대로 몹시 난폭하게 굶. 제멋대로 굴며 난폭함. 예苛酷橫暴(가혹횡포)

黃	昏	皇	帝	懷	抱	會	話	獲	得	橫	暴
누를 황	어두울 혼	임금 황	임금 제	품을 회	안을 포	모을 회	말씀 화	얻을 획	얻을 득	가로 횡	사나울 포

오늘의 世界名言

♡ 시작이란 없다. 제군이 가다가 걸린 곳부터 하면 된다. 방법은 흥미에 따라 생겨날 것이다.
로뎅 : 프랑스·조각가

重要結構

孝誠	厚德	喉舌	侯爵	後悔	訓練
효성:마음을 다하여 부모를 섬기는 정성. 예孝誠至極(효성지극)	후덕:덕행이 두터움. 또는 그 덕행. 어질고 두터운 덕행. 예厚德人品(후덕인품)	후설:①목구멍과 혀. ②「후설지신(喉舌之臣)」의 준말. 예喉舌言聲(후설언성)	후작:고려 시대의 오등작(五等爵)의 둘째. 예爵位候爵(작위후작)	후회:이전의 잘못을 깨치고 뉘우침. 과오를 뉘우침. 예後悔莫及(후회막급)	훈련:①무술을 연습함. ②일정한 목표나 기준에 달하도록 실천시키는 실제 활동.

孝	誠	厚	德	喉	舌	侯	爵	後	悔	訓	練
효도 효	정성 성	두터울 후	큰 덕	목구멍 후	혀 설	제후 후	벼슬 작	뒤 후	뉘우칠 회	가르칠 훈	익힐 련

重要結構

교육부선정자

毀損	揮毫	休憩	胸肺	吸煙	興趣
훼손 : ①헐어서 못쓰게 함. ②체면·명예 따위를 손상함. 예名譽毀損(명예훼손)	휘호 : 붓을 휘둘러 글씨를 쓰거나 그림을 그림. 휘필(揮筆). 예書藝揮毫(서예휘호)	휴게 : 일을 하거나 길을 걷다가 잠깐 쉼. 휴식(休息). 예休憩施設(휴게시설)	흉폐 : 가슴과 폐부(肺腑).	흡연 : 담배를 피움. 끽연. 예吸煙區域(흡연구역)	흥취 : 흥미(興味)와 취미(趣味). 흥을 느끼는 재미. 예個性興趣(개성흥취)

毀	損	揮	毫	休	憩	胸	肺	吸	煙	興	趣
헐 훼	덜 손	휘두를 휘	터럭 호	쉴 휴	쉴 게	가슴 흉	허파 폐	들이쉴 흡	연기 연	일어날 흥	취미 취

교육부선정자

戲曲	希求	稀薄	熙笑	喜悅	噫嗚
희곡:상연을 목적으로 한 연극이나 영화 따위의 각본. 例戲曲作家(희곡작가)	희구:바라며 요구함. 기구(祈求). 例希望希求(희망희구)	희박:①짙지 못하고 묽거나 희미함. ②일의 희망·가망이 적음. ③정신 상태가 약함.	희소:기뻐서 웃음. 웃으며 기뻐함.	희열:기쁨과 즐거움. 희락(喜樂). 例喜悅慶事(희열경사)	희오:슬프고 괴로워 하는 마음. 탄식하는 마음. 例噫嗚噫氣(희오희기)
戲曲	希求	稀薄	熙笑	喜悅	噫嗚
희롱할 희	굽을 곡	바랄 희	구할 구	드물 희	엷을 박	빛날 희	웃을 소	기쁠 희	기쁠 열	탄식할 희	탄식할 오

常用漢字

본 상용한자는 일상 생활에서 많이 활용되는 한자를 정선하였으며 이 중 표제자 위에 "★"를 넣은 자는 교육부 선정자로써 앞에서 제외된 자를 이곳에 포함시켰습니다.

★

嘉	駕	苛	嫁	稼	閣	艱	揀	喝
아름다울 가	수레 가	가혹할 가	시집갈 가	농사 가	누각 각	어려울 간	가릴 간	꾸짖을 갈
嘉	駕	苛	嫁	稼	閣	艱	揀	喝

★ ★ ★ ★

堪	勘	甘	剛	巨	巾	乞	劫	揭	隔	牽	肩
견딜 감	헤아릴 감	달 감	굳셀 강	클 거	수건 건	구걸 걸	겁탈할 겁	높이들 게	막힐 격	끌 견	어깨 견
堪	勘	甘	剛	巨	巾	乞	劫	揭	隔	牽	肩

필수상용한자

필수상용한자

訣	耕	鯨	繼	繫	稽	拷	雇	哭	孔	鞏	戈
이별할 결	밭갈 경	고래 경	이을 계	맬 계	생각할 계	두두릴 고	더부살이 고	울 곡	구멍 공	굳을 공	창 과

瓜	菓	郭	廓	灌	款	括	狂	曠	怪	魁	乖
오이 과	과자 과	성곽 곽	둘레 곽	물댈 관	정성 관	쌀 괄	미칠 광	빌 광	괴이할 괴	우두머리 괴	어그러질 괴

僑	驕	攬	鷗	歐	購	堀	窟	弓	圈	闕	蹶
객지 교	교만할 교	어지러울 교	갈매기 구	토할 구	살 구	팔 굴	굴 굴	활 궁	둘레 권	대궐 궐	넘어질 궐

糾	均	筋	錦	扱	矜	旗	岐	嗜	冀	汽	懶
살필 규	고를 균	힘줄 근	비단 금	취급할 급	자랑할 긍	깃발 기	가닥나눌 기	즐길 기	바랄 기	김 기	게으를 나

捺	紐	尿	溺	匿	茶	蛋	撻	潭	膽	垈	刀
누를 날	맬 뉴	오줌 뇨	빠질 닉	숨길 닉	차 다	새알 단	매질할 달	못 담	쓸개 담	터 대	칼 도
捺	紐	尿	溺	匿	茶	蛋	撻	潭	膽	垈	刀

稻	鍍	悼	塗	禱	獨	頓	杜	屯	遁	登	謄
벼 도	도금할 도	슬퍼할 도	바를 도	빌 도	홀로 독	조아릴 돈	아가위 두	모일 둔	숨을 둔	오를 등	베낄 등
稻	鍍	悼	塗	禱	獨	頓	杜	屯	遁	登	謄

필수상용한자

騰	羅	裸	洛	拉	掠	狼	輛	亮	煉	聯	獵
오를 등	그물 라	벌거숭이 라	물이름 락	끌고갈 랍	노략질 략	이리 랑	수레 량	밝을 량	쇠붙일 련	이을 련	사냥할 렵

嶺	齡	撈	老	籠	賂	僚	療	樓	陋	謬	凌
재 령	나이 령	건져낼 로	늙을 로	농 롱	뇌물 뢰	동료 료	병고칠 료	다락 루	더러울 루	그릇될 류	능가할 릉

吏	罹	粒	麻	魔	摩	漫	網	魅	買	煤	枚
관리 리	걸릴 리	낱알 립	삼 마	마귀 마	문지를 마	부질없을 만	그물 망	도깨비 매	살 매	그을음 매	낱 매

邁	麥	孟	蔑	鳴	耗	冒	描	撫	巫	米	悶
갈 매	보리 맥	맏 맹	업신여길 멸	울 명	덜릴 모	무릅쓸 모	그릴 묘	어루만질 무	무당 무	쌀 미	번민할 민

필수 상용 한자

朴	舶	駁	剝	伴	搬	紡	俳	百	閥	氾	竝
순박할 박	큰배 박	얼룩말 박	벗길 박	짝 반	운반할 반	실뽑을 방	광대 배	일백 백	문벌 벌	넘칠 범	아우를 병
一|八小	舟-勹二	馬·勹欠	彔刂	亻┐1	扌力没	糸方ノ	亻日三	丆口二	門 伐	氵几乚	立立
朴	舶	駁	剝	伴	搬	紡	俳	百	閥	氾	竝

賓	覆	俸	縫	鋒	釜	敷	訃	扮	忿	噴	焚
손 빈	엎을 복	봉급 봉	꿰맬 봉	칼날 봉	가마 부	펼 부	부고 부	꾸밀 분	성낼 분	뿜을 분	불사를 분
宀丆貝	覀彳久	亻三人彐	糸彳彐辶	鱼夊彐	父二灬	尃攵	訁卜	扌八勹	分心	口吉口貝	林火
賓	覆	俸	縫	鋒	釜	敷	訃	扮	忿	噴	焚

雾	譬	殯	憑	司 ★	四 ★	詞 ★	祠	飼	唆	赦	奢
안개 분	비유할 비	빈소 빈	의지할 빙	맡을 사	녁　사	말씀 사	사당 사	먹일 사	부추길 사	용서할 사	사치 사
雺今ノ	記嚆言	歹宨順	冫已馬心	刁呂	冂儿	訁司司	衤司司	飠訇司	口爲夋	士刂攴	大耂日
雾	譬	殯	憑	司	四	詞	祠	飼	唆	赦	奢

肆	徙	傘	撒	三 ★	蔘	揷	箱	裳 ★	塞 ★	牲	嶼
방자할 사	옮길 사	우산 산	뿌릴 살	석　삼	인삼 삼	꽂을 삽	상자 상	치마 상	변방 새	희생 생	섬　서
镸聿ノ	彳徙人	人傘ノ	扌散攵	一一	艹㮛今	扌臿臼	竹柤作	尚衣乀	宀垕土	牛生丨	山與兴
肆	徙	傘	撒	三	蔘	揷	箱	裳	塞	牲	嶼

필수상용한자

★		★									
逝	棲	瑞	誓	昔	碩	鮮	繕	膳	羨	煽	泄
갈 서	깃들일 서	상서로울 서	맹서할 서	옛 석	클 석	고울 선	기울 선	반찬 선	부드러울 선	부칠 선	샐 설

★						★					
纖	攝	城	醒	貰	紹	逍	遡	巢	蘇	贖	遜
가늘 섬	끌어잡을 섭	재 성	술깰 성	세낼 세	이을 소	노닐 소	거스를 소	새집 소	깨어날 소	속죄할 속	겸손 손

필수상용한자

誦	悚	碎	囚	雖	搜	垂	粹	蒐	讐	酬	夙
외울 송	두려울 송	부서질 쇄	가둘 수	비록 수	찾을 수	드리울 수	순수할 수	모을 수	원수 수	잔돌릴 수	일찍 숙
誦	悚	碎	囚	雖	搜	垂	粹	蒐	讐	酬	夙

循	殉	淳	拾	乘	侍	矢	屍	媤	植	蝕	殖
좇을 순	죽을 순	순박할 순	주을 습	탈 승	모실 시	화살 시	주검 시	시집 시	심을 식	좀먹을 식	번식할 식
循	殉	淳	拾	乘	侍	矢	屍	媤	植	蝕	殖

필수상용한자

訊	迅	娠	紳	失	牙	雅	啞	握	顏	按	斡
물을 신	빠를 신	아이밸 신	신사 신	잃을 실	어금니 아	아담할 아	벙어리 아	잡을 악	얼굴 여	살필 안	돌연 알

癌	押	昂	快	隘	液	也	耶	躍	孃	御	臆
암 암	수결 압	높을 앙	원망할 앙	좁을 애	진 액	어조사 야	어조사 약	뛸 약	계집 양	어거할 어	가슴 억

★						★			★		
俺	汝	淵	閱	厭	預	隷	吾	奧	伍	沃	獄
가릴 엄	너 여	못 연	볼 열	싫을 염	미리 예	종 예	나 오	속 오	대오 오	기름질 옥	감옥 옥
掩	汝	淵	閱	厭	預	隷	吾	奧	伍	沃	獄

★		★					★		★		
穩	翁	擁	瓦	玩	腕	旺	倭	歪	猥	搖	曜
편안할 온	늙은이 옹	안을 옹	기와 와	놀 완	팔 완	왕성할 왕	왜국 왜	비뚤 왜	외람될 외	흔들 요	빛날 요
穩	翁	擁	瓦	玩	腕	旺	倭	歪	猥	搖	曜

妖	溶	鎔	傭	迂	殞	熊	苑	冤	尉	★衛	★愈
요망할 요	녹을 용	녹일 용	품팔 용	멀 우	죽을 운	곰 웅	동산 원	원통할 원	벼슬 위	호위할 위	나을 유
妖	溶	鎔	傭	迂	殞	熊	苑	冤	尉	衛	愈

★儒	喩	諭	允	融	★凝	矣	擬	★誼	★而	已	姨
선비 유	깨우칠 유	깨우칠 유	진실로 윤	녹을 융	엉길 응	어조사 의	비길 의	옳을 의	말이을 이	이미 이	이모 이
儒	喩	諭	允	融	凝	矣	擬	誼	而	已	姨

弛 ★	翌 ★	刃	咽	湮	妊	剩 ★	茲	恣 ★	瓷 ★	諮	磁
늦출 이	다음날 익	칼날 인	목구멍 인	막힐 인	아이밸 임	남을 잉	이 자	빙자할 자	사기그릇 자	물을 자	자석 자
弛	翌	刃	咽	湮	妊	剩	茲	恣	瓷	諮	磁

仔 ★	蠶 ★	莊 ★	牆 ★	障	匠 ★	裁	邸	嫡	迹	顚	銓
자세할 자	누에 잠	장할 장	담 장	막을 장	장인 장	마를 재	큰집 저	정실 적	자취 적	정수리 전	저울질 전
仔	蠶	莊	牆	障	匠	裁	邸	嫡	迹	顚	銓

殿	詮	粘	亭	偵	呈	晶	碇	艇	制	劑	措
대궐 전	설명할 전	끈끈할 점	정자 정	정탐할 정	보일 정	수정 정	닻 정	거루 정	지을 제	조합할 제	둘 조

粗	彫	卒	綜	腫	註	駐	州	柱	舟	珠	奏
거칠 조	새길 조	군사 졸	모을 종	종기 종	주낼 주	머무를 주	고을 주	기둥 주	배 주	구슬 주	아뢸 주

필수상용한자

★

週	峻	准	竣	汁	脂	旨	祉	鎭	診	震	津
주일 주	높을 준	승인할 준	마칠 준	진액 즙	비계 지	뜻 지	복 지	진압할 진	진찰할 진	진동할 진	나루 진
週	峻	准	竣	汁	脂	旨	祉	鎭	診	震	津
週	峻	准	竣	汁	脂	旨	祉	鎭	診	震	津

★   ★

塵	疾	輯	什	搾	餐	饌	擦	刹	札	參	彰
티끌 진	병 질	모을 집	세간 집	낄 착	먹을 찬	밥 찬	문지를 찰	절 찰	편지 찰	참여할 참	밝을 창
塵	疾	輯	什	搾	餐	饌	擦	刹	札	參	彰
塵	疾	輯	什	搾	餐	饌	擦	刹	札	參	彰

槍	責	凄	尺	撤	綴	帖	諜	牒	捷	滯	締
창 창	꾸짖을 책	찰 처	자 척	걷을 철	철할 철	문서 첩	염탐할 첩	편지 첩	빠를 첩	막힐 체	맺을 체
槍	責	凄	尺	撤	綴	帖	諜	牒	捷	滯	締

遞	秒	礎	哨	焦	囑	塚	叢	寵	撮	樞	墜
우편 체	초침 초	주춧돌 초	보초설 초	그을릴 초	부탁할 촉	무덤 총	모을 총	사랑할 총	사진찍을 촬	지도리 추	떨어질 추
遞	秒	礎	哨	焦	囑	塚	叢	寵	撮	樞	墜

錐	軸	衷	脆	炊	緻	侈	癡	墮★	卓	托★	誕
송곳 추	굴대 축	정성 충	연할 취	불땔 취	밸 치	사치할 치	어리석을 치	떨어질 타	뛰어날 탁	부탁할 탁	태어날 탄
錐	軸	衷	脆	炊	緻	侈	癡	墮	卓	托	誕

眈	搭	蕩	胎	筒	堆	頹	套	把	辦	牌	覇
즐길 탐	탈 탑	방탕할 탕	아이밸 태	통 통	쌓을 퇴	무너질 퇴	버릇 투	잡을 파	힘쓸 판	패 패	으뜸갈 패
眈	搭	蕩	胎	筒	堆	頹	套	把	辦	牌	覇

필수상용한자

膨	扁	偏	鞭	坪	泡	砲	怖	鋪	瀑	剽	稟
불룩할 팽	작을 편	치우칠 편	채찍 편	평수 평	물거품 포	대포 포	두려울 포	펼 포	폭포 폭	빼앗을 표	여쭐 품

諷	乏	逼	瑕	虐	謔	轄	喊	緘	涵	銜	函
외울 풍	다할 핍	핍박할 핍	티 하	사나울 학	희롱할 학	다스릴 할	고함지를 함	봉할 봉	젖을 함	재갈 함	상자 함

艦	諧	骸	倖	縣	眩	嫌	脅	峽	狹	型	衡
싸움배 함	화할 해	뼈 해	요행 행	고을 현	어지러울 현	의심할 현	위협할 협	골짜기 협	좁을 협	틀 형	저울 형
舟監	言皆	骨亥	倖	縣系	眩玄	嫌	脅	峽人	狹人	型	衡行
艦	諧	骸	倖	縣	眩	嫌	脅	峽	狹	型	衡

兮	乎	呼	狐	酷	渾	惚	靴	喚	幻	闊	猾
어조사 혜	어조사 호	부를 호	여우 호	혹독할 혹	흐릴 혼	황홀할 홀	신 화	부를 환	허깨비 환	넓을 활	교활한 활
兮	乎	呼	狐	酷	渾	惚	靴	喚	幻	闊	猾
兮	乎	呼	狐	酷	渾	惚	靴	喚	幻	闊	猾

豁	凰	恍	慌	徨	繪	徊	廻	酵	嚆	后	朽
소통할 활	봉황새 황	황홀할 황	다급할 황	거닐 황	그림 회	배회할 회	돌　회	술괼 효	울　효	왕비 후	썩을 후

嗅	勳	兇	痕	恰	洽	姬	犧
냄새맡을 후	공　훈	흉악할 흉	흔적 흔	흡사할 흡	젖을 흡	계집 희	희생할 희

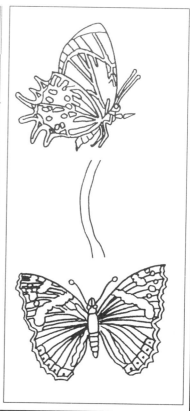

필수상용한자

漢字의 숫자 쓰기

※ 教育部 選定 漢字중에 포함된 漢字로 별도 발췌한 것임.

一	二	三	四	五	六	七	八	九	十
한 일	두 이	석 삼	넉 사	다섯 오	여섯 육	일곱 칠	여덟 팔	아홉 구	열 십
一	二	三	四	五	六	七	八	九	十

一	二	三	四	五	六	七	八	九	十

壹	貳	參	拾	百	千	萬	億	金	整
한 일	두 이	석 삼	열 십	일백 백	일천 천	일만 만	억 억	쇠 금	정돈 정
壹	貳	參	拾	百	千	萬	億	金	整

壹	貳	參	拾	百	千	萬	億	金	整

附 錄

第 三 篇

전국 시·도명 쓰기

서울 特別市		
仁川廣域市		
大邱廣域市		
大田廣域市		
光州廣域市		
釜山廣域市		

京畿道			
忠清北道			
忠清南道			
江原道			
全羅北道			
全羅南道			
慶尙北道			
慶尙南道			
濟州道			
咸鏡北道			
咸鏡南道			
平安北道			
平安南道			
黃海道			

전국 지명 쓰기

전국 지명 쓰기 283

水原	수 원	水 原			
富川	부 천	富 川			
安養	안 양	安 養			
果川	과 천	果 川			
九里	구 리	九 里			
渼金	미 금	渼 金			
河南	하 남	河 南			
城南	성 남	城 南			
始興	시 흥	始 興			
華城	화 성	華 城			
廣州	광 주	廣 州			
龍仁	용 인	龍 仁			
高陽	고 양	高 陽			
利川	이 천	利 川			
加平	가 평	加 平			
安城	안 성	安 城			
抱川	포 천	抱 川			
連川	연 천	連 川			
金浦	김 포	金 浦			
楊平	양 평	楊 平			

麗州	여 주	麗 州			
春川	춘 천	春 川			
江陵	강 능	江 陵			
原州	원 주	原 州			
溟州	명 주	溟 州			
束草	속 초	束 草			
高城	고 성	高 城			
原城	원 성	原 城			
墨湖	묵 호	墨 湖			
橫城	횡 성	橫 城			
寧越	영 월	寧 越			
平昌	평 창	平 昌			
三陟	삼 척	三 陟			
鐵岩	철 암	鐵 岩			
楊口	양 구	楊 口			
麟蹄	인 제	麟 蹄			
華川	화 천	華 川			
洪川	홍 천	洪 川			
旌善	정 선	旌 善			
鐵原	철 원	鐵 原			

咸 安	함 안	咸 安			
昌 寧	창 녕	昌 寧			
泗 川	사 천	泗 川			
固 城	고 성	固 城			
慶 州	경 주	慶 州			
永 川	영 천	永 川			
浦 項	포 항	浦 項			
達 城	달 성	達 城			
漆 谷	칠 곡	漆 谷			
星 州	성 주	星 州			
善 山	선 산	善 山			
軍 威	군 위	軍 威			
龜 尾	구 미	龜 尾			
尚 州	상 주	尚 州			
金 泉	김 천	金 泉			
榮 州	영 주	榮 州			
安 東	안 동	安 東			
店 村	점 촌	店 村			
聞 慶	문 경	聞 慶			
釜 山	부 산	釜 山			

大 田	대 전	大 田			
天 安	천 안	天 安			
燕 岐	연 기	燕 岐			
大 德	대 덕	大 德			
錦 山	금 산	錦 山			
唐 津	당 진	唐 津			
瑞 山	서 산	瑞 山			
論 山	논 산	論 山			
扶 餘	부 여	扶 餘			
清 州	청 주	清 州			
忠 州	충 주	忠 州			
堤 川	제 천	堤 川			
丹 陽	단 양	丹 陽			
鎮 川	진 천	鎮 川			
永 同	영 동	永 同			
陰 城	음 성	陰 城			
愧 山	괴 산	愧 山			
清 原	청 원	清 原			
木 浦	목 포	木 浦			
麗 水	여 수	麗 水			

順天	순 천	順天			
潭陽	담 양	潭陽			
谷城	곡 성	谷城			
和順	화 순	和順			
光山	광 산	光山			
靈光	영 광	靈光			
長城	장 성	長城			
羅州	나 주	羅州			
靈岩	영 암	靈岩			
大川	대 천	大川			
舒川	서 천	舒川			
長項	장 항	長項			
群山	군 산	群山			
裡里	이 리	裡里			
全州	전 주	全州			
井州	정 주	井州			
金堤	김 제	金堤			
南原	남 원	南原			
高敞	고 창	高敞			
淳昌	순 창	淳昌			

務安	무 안	務安			
海南	해 남	海南			
莞島	완 도	莞島			
長興	장 흥	長興			
筏橋	벌 교	筏橋			
馬山	마 산	馬山			
昌原	창 원	昌原			
鎭海	진 해	鎭海			
晋州	진 주	晋州			
忠武	충 무	忠武			
梁山	양 산	梁山			
蔚州	울 주	蔚州			
蔚山	울 산	蔚山			
東萊	동 래	東萊			
金海	김 해	金海			
密陽	밀 양	密陽			
統營	통 영	統營			
巨濟	거 제	巨濟			
南海	남 해	南海			
居昌	거 창	居昌			

價	假	覺	擧	據	檢	輕	經	鷄	繼	館	關
価	仮	覚	挙	拠	検	軽	経	雞	継	舘	関
값 가	거짓 가	깨달을각	들 거	의거할 거	검사할검	가벼울경	글 경	닭 계	이을 계	집 관	빗장 관

觀	廣	鑛	敎	舊	區	驅	鷗	國	權	勸	歸
観	広	鉱	教	旧	区	駆	鴎	国	権	勧	帰
볼 관	넓을 광	쇳돌 광	가르칠교	오랠 구	구역 구	몰 구	갈매기구	나라 국	권세 권	권할 권	돌아올귀

龜	氣	寧	腦	惱	單	斷	團	擔	膽	當	黨
亀	気	寧	脳	悩	単	断	団	担	胆	当	党
거북 귀	기운 기	편안할녕	머릿골뇌	괴로울뇌	홑 단	끊을 단	모임 단	멜 담	쓸개 담	마땅할당	무리 당
亀	気	寧	脳	悩	単	断	団	担	胆	当	党

對	德	圖	讀	獨	燈	樂	亂	覽	來	兩	勵
対	徳	図	読	独	灯	楽	乱	覧	来	両	励
대답할대	덕 덕	그림 도	읽을 독	홀로 독	등불 등	즐길 락	어지러울란	볼 람	올 래	두 량	힘쓸 려
対	徳	図	読	独	灯	楽	乱	覧	来	両	励

歷	聯	戀	靈	禮	勞	爐	綠	龍	屢	樓	離
歷	联	恋	灵	礼	労	炉	緑	竜	屢	楼	难
지날 력	잇닿을련	사모할련	신령 령	예 례	수고로울로	화로 로	초록빛록	용 룡	자주 루	다락 루	떠날 리

萬	蠻	灣	賣	麥	脈	面	發	拜	變	邊	辯
万	蛮	湾	売	麦	脉	面	発	拝	変	辺	弁
일만 만	오랑캐만	물구비만	팔 매	보리 맥	맥 맥	낯 면	필 발	절 배	변할 변	가 변	말잘할변

竝	寶	簿	拂	佛	寫	辭	産	狀	敍	釋	選
並	宝	箥	払	仏	写	辞	産	状	叙	釈	選
아우를병	보배보	문서부	떨칠불	부처 불	베낄사	말 사	낳을 산	모양상	펼 서	풀 석	가릴선
並	宝	箥	払	仏	写	辞	産	状	叙	釈	選

纖	攝	聲	燒	續	屬	數	獸	壽	肅	濕	乘
繊	摂	声	焼	続	属	数	獣	寿	粛	湿	乗
가늘 섬	당길 섭	소리 성	불사를소	이을 속	붙을 속	셈할수	짐승 수	목숨 수	엄숙할숙	젖을 습	탈 승
繊	摂	声	焼	続	属	数	獣	寿	粛	湿	乗

繩	實	雙	兒	亞	惡	巖	壓	藥	讓	嚴	與
縄	実	双	児	亜	悪	岩	圧	薬	譲	厳	与
노끈 승	열매 실	쌍 쌍	아이 아	버금 아	악할 악	바위 암	누를 압	약 약	사양할양	엄할 엄	줄 여

餘	譯	驛	鹽	營	藝	譽	豫	爲	應	醫	貳
余	訳	駅	塩	営	芸	誉	予	為	応	医	弐
나머지여	통변할역	역 역	소금 염	경영할영	재주 예	기릴 예	미리 예	할 위	응할 응	의원 의	두 이

壹	殘	蠶	傳	轉	點	齊	濟	卽	證	贊	參
壱	残	蚕	伝	転	点	斉	済	即	証	賛	参
하나 일	남을 잔	누에 잠	전할 전	구를 전	점 점	가지런할제	건널 제	곧 즉	증거 증	찬성할찬	참여할 참

處	鐵	廳	體	齒	廢	豊	學	號	畫	歡	會
処	鉄	庁	体	歯	廃	豊	学	号	画	歓	会
곳 처	쇠 철	관청 청	몸 체	이 치	폐할 폐	풍년 풍	배울 학	이름 호	그림 화	기쁠 환	모을 회

金	李	朴	崔	鄭	姜	趙	尹	張	林	韓	吳
金	李	朴	崔	鄭	姜	趙	尹	張	林	韓	吳
성 김	오얏 리	순박할박	높을 최	나라 정	성 강	나라 조	다스릴윤	베풀 장	수풀 림	나라 한	나라 오

申	徐	權	黃	宋	安	柳	洪	全	高	孫	文
申	徐	權	黃	宋	安	柳	洪	全	高	孫	文
납 신	느릴 서	권세 권	누를 황	송나라송	편안할안	버들 류	넓을 홍	온전할전	높을 고	손자 손	글월 문

梁	襄	白	曺	許	南	劉	沈	盧	河	丁	成
梁	襄	白	曺	許	南	劉	沈	盧	河	丁	成
들보 량	성 배	흰 백	성 조	허락할 허	남녘 남	성 류	성 심	성 노	물 하	고무래 정	이룰 성

車	具	郭	禹	朱	任	田	羅	辛	閔	俞	池
車	具	郭	禹	朱	任	田	羅	辛	閔	俞	池
수레 차	갖출 구	성 곽	하우씨 우	붉을 주	맡길 임	밭 전	벌일 라	매울 신	성 민	성 유	못 지

陳	嚴	元	蔡	千	方	康	玄	孔	咸	卜	楊
陳	嚴	元	蔡	千	方	康	玄	孔	咸	卜	楊
베풀 진	엄할 엄	으뜸 원	나라 채	일천 천	모 방	편안할강	검을 현	구멍 공	다 함	성 변	버들 양

廉	邊	呂	秋	都	魯	石	蘇	愼	馬	薛	吉
廉	邊	呂	秋	都	魯	石	蘇	愼	馬	薛	吉
청렴할렴	가 변	음률 려	가을 추	도읍 도	둔할 노	성 석	깨어날소	삼갈 신	말 마	나라 설	길할 길

宣	周	魏	表	明	王	房	潘	玉	奇	琴	陸
宣	周	魏	表	明	王	房	潘	玉	奇	琴	陸
베풀 선	두루 주	나라 위	겉 표	밝을 명	임금 왕	방 방	물이름반	구슬 옥	기이할기	거문고금	뭍 륙

孟	印	諸	卓	魚	牟	蔣	殷	秦	片	余	龍
孟	印	諸	卓	魚	牟	蔣	殷	秦	片	余	龍
맏 맹	도장 인	모두 제	뛰어날탁	고기 어	보리 모	줄 장	나라 은	나라 진	조각 편	너 여	용 룡

慶	丘	奉	史	夫	程	昔	太	卜	睦	桂	杜
慶	丘	奉	史	夫	程	昔	太	卜	睦	桂	杜
경사 경	언덕 구	받들 봉	사기 사	사내 부	길 정	옛 석	클 태	점 복	화목 목	계수 계	막을 두

陰	溫	邢	章	景	于	彭	尙	眞	夏	毛	漢
陰	溫	邢	章	景	于	彭	尙	眞	夏	毛	漢
그늘 음	따뜻할 온	나라 형	글 장	볕 경	성 우	나라 팽	숭상할 상	참 진	여름 하	털 모	한나라 한

邵	章	天	襄	濂	連	伊	菜	燕	强	大	麻
邵	章	天	襄	濂	連	伊	菜	燕	强	大	麻
땅이름소	성 위	하늘 천	오를 양	엷을 렴	이을 련	저 이	채나라채	연나라연	강할 강	큰 대	삼 마

箕	庾	南	宮	諸	葛	鮮	于	獨	孤	皇	甫
箕	庾	南	宮	諸	葛	鮮	于	獨	孤	皇	甫
성 기	곳집 유	남녘 남	궁궐 궁	모두 제	칡 갈	고울 선	어조사우	홀로 독	외로울고	임금 황	클 보

경조·증품 용어쓰기 (1)

祝生日	祝生辰	祝還甲	祝田甲	祝壽宴	謹弔	賻儀	弔儀	薄禮	餞別	粗品	寸志
祝生日	祝生辰	祝還甲	祝田甲	祝壽宴	謹弔	賻儀	弔儀	薄禮	餞別	粗品	寸志
축생일	축생신	축환갑	축회갑	축수연	근조	부의	조의	박례	전별	조품	촌지

경조·증품 용어쓰기(2)

祝合格	祝入學	祝卒業	祝優勝	祝入選	祝發展	祝落成	祝開業	祝榮轉	祝當選	祝華婚	祝結婚
祝合格	祝入學	祝卒業	祝優勝	祝入選	祝發展	祝落成	祝開業	祝榮轉	祝當選	祝華婚	祝結婚
축합격	축입학	축졸업	축우승	축입선	축발전	축낙성	축개업	축영전	축당선	축화혼	축결혼

원고지 쓰기

  원고 용지는, 이것을 바탕으로 하여 인쇄하거나, 문서에 정서하게 되는 것이므로, 누구나 보고 알아볼 수 있게 또렷하게 써야 하며, 띄어쓰기와 단락은 분명하게 하여야 한다.

《쓰는 법》

① 대체적으로 제목은 2행째의 4째칸이나 5째칸부터 쓴다.
② 글의 시작은 1자 비우고 쓴다. 그리고, 단락을 마칠 때도 줄을 바꾸어 1자 비우고 쓴다.
③ 부호 일체도 1자로 계산하여 쓴다.
④ 행의 맨 끝에 비울 칸이 없을 때는 V표를 지른다.
⑤ 글을 다 쓴 후에 빠진 말이 있을 경우에는, 행과 행 사이의 좁은 줄에 써 넣는다.

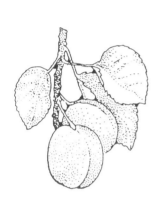

원고지 예시:

```
        흐르는  물을  붙들고서

                        흥  사용
  시내물이  흐르며  노래하기를  외로운
그림자  물에  뜬  마름잎. 나그네  근심이
끝이  없어서  빨래하는  처녀를  울리었도
다.
    돌아서는  님의  손  잡아다리며  그러지
```

교정 부호

기 호	교 정 예	설 명	교 정 결 과
V	교정의의이	語(字)間을 떼라	교정의 의의
⌒	교정이라 함은	語(字)間을 붙이라	교정이라함은
e	교정자 to	活字를 바로 세우라	교정자와
o—	원고와을 를	誤字를 고쳐라	원고와를
ee	대조 하여	除去하라	대조하여
o—고	문자·배열·색 고	고딕體로 바꿔라	문자·배열·색
o—明	기타의 틀린 점,	明朝體로 바꿔라	기타의 틀린 점,
⌐⌐	점 등을 불비한	先後를 바꿔라	불비한 점 등을
←ㄴㄷ→	← 교정지에 ㄴ	左(右)로 내(너)라	교정지에
Ω	주로 붉은 잉크로	行을 이으라	주로 붉은 잉크로
⌐	記入訂正하는 일 을 말한다	行을 바꿔라	記入訂正하는 일을 말한다.
6P	6P 새한글 사전에서	活字크기를 바꿔	(새한글 사전에서)
⌐⌐	校正은 參校를	줄을 고르게 하라	校正은 參校를
←	原則으로 한다	句讀點을 넣어라	原則으로 한다.

　　　　自己　紹介書

　　　　　　　　　　　金　珉泳

　　저는　商業에　종사하시는　아버지와　집
안의　화목을　지키시기　위하여　웃음을
항상　잃지　않는　어머니가　계신　단란한
가정의　一男二女　중　長女로　경기도　양
주에서　출생　하였습니다.
　　저의　아버지게서는　평상시　엄격하심니

20×10

다만,　한편　다정다감하셔서　저희들은　오
히려　옳지　못한　일을　경계하고　스스로
들　타의　모범이　되도록　노력하여　왔습
니다.
　　초등학교와　중학교　시절에　특별활동을
통하여　주산반에서　주산　1급과　고등학
교에　진학하면서　그　특기를　살려　주산
1단,　부기　2급,　타자　2급을　획득　하
였습니다.　그리고　어려서　부터　아버지를
따라　새벽에　테니스를　습관화하여　규칙

20×10

적인 생활로 건강한 체력과 건전한 정
신, 적극적이고 명랑한 성격을 길러왔습
니다.
　부모님께서는 대학진학을 권유하셨지만
아버지께서 운영하시는 업종이 계속 불
경기라는 사실을 알고 1년 전부터 사
회인으로서 기능을 원만히 갖추기 위하
여 학원에 나가 콤퓨터를 익히고 있습
니다. 부모님의 은혜에 만의 일이라도
보답할 수 있고 자신을 위해서라도 자

20×10

립의지를 가져야 한다고 생각하여 그동
안 연마한 실력을 마음껏 발휘하고져
貴社의 문을 두드리게 되었습니다.
　저에게 입사의 영광 주신다면 미력한
힘이나마 社의 發展이 곧 자신의 향상
을 가져다 준다는 일념으로 會社의 일
익을 담당하는 재원이 되어 최선을 다
하겠습니다. 끝으로 貴社의 무궁한 發展
을 祈願하며 부디 커다란 기쁨을 저에
게 윤허하여 주시길 염원합니다.

20×10

반대의 뜻을 가진 漢字 (1)

加	더할 가	減	덜 감	暖	따뜻할 난	冷	찰 랭
可	옳을 가	否	아니 부	難	어려울 난	易	쉬울 이
甘	달 감	苦	쓸 고	男	사내 남	女	계집 녀
强	강할 강	弱	약할 약	內	안 내	外	바깥 외
開	열 개	閉	닫을 폐	濃	짙을 농	淡	엷을 담
客	손 객	主	주인 주	多	많을 다	少	적을 소
去	갈 거	來	올 래	大	클 대	小	작을 소
乾	마를 건	濕	축축할 습	動	움직일 동	靜	고요할 정
京	서울 경	鄕	시골 향	頭	머리 두	尾	꼬리 미
輕	가벼울 경	重	무거울 중	得	얻을 득	失	잃을 실
苦	괴로울 고	樂	즐거울 락	老	늙을 로	少	젊을 소
高	높을 고	低	낮을 저	利	이로울 리	害	해로울 해
古	예 고	今	이제 금	賣	살 매	買	팔 매
曲	굽을 곡	直	곧을 직	明	밝을 명	暗	어두울 암
功	공 공	過	허물 과	問	물을 문	答	대답할 답
公	공평할 공	私	사사 사	發	떠날 발	着	붙을 착
敎	가르칠 교	學	배울 학	貧	가난할 빈	富	부자 부
貴	귀할 귀	賤	천할 천	上	위 상	下	아래 하
禁	금할 금	許	허락할 허	生	날 생	死	죽을 사
吉	길할 길	凶	언짢을 흉	先	먼저 선	後	뒤 후

반대의 뜻을 가진 漢字 (2)

玉	옥 옥	石	돌 석	長	길 장	短	짧을 단
安	편아할 안	危	위태할 위	前	앞 전	後	뒤 후
善	착할 선	惡	악할 악	正	바를 정	誤	그르칠 오
受	받을 수	授	줄 수	早	일찍 조	晚	늦을 만
勝	이길 승	敗	패할 패	朝	아침 조	夕	저녁 석
是	옳을 시	非	아닐 비	晝	낮 주	夜	밤 야
始	비로소 시	終	마칠 종	眞	참 진	假	거짓 가
新	새 신	舊	예 구	進	나아갈 진	退	물러갈 퇴
深	깊을 심	淺	얕을 천	集	모을 집	散	흩어질 산
哀	슬플 애	歡	기쁠 환	天	하늘 천	地	땅 지
溫	따뜻할 온	冷	찰 랭	初	처음 초	終	마칠 종
往	갈 왕	來	올 래	出	나갈 출	入	들 입
優	뛰어날 우	劣	못할 렬	表	겉 표	裏	속 리
遠	멀 원	近	가까울 근	豐	풍년 풍	凶	흉년 흉
有	있을 유	無	없을 무	彼	저 피	此	이 차
陰	그늘 음	陽	볕 양	寒	찰 한	暑	더울 서
異	다를 이	同	한가지 동	虛	빌 허	實	열매 실
因	인할 인	果	과연 과	黑	검을 흑	白	흰 백
自	스스로 자	他	남 타	興	흥할 흥	亡	망할 망
雌	암컷 자	雄	수컷 웅	喜	기쁠 희	悲	슬플 비

잘못 쓰기 쉬운 漢字 (1)

綱	법	강	網	그물	망	問	물을	문	間	사이	간
開	열	개	閑	한가할	한	未	아닐	미	末	끝	말
決	정할	결	快	유쾌할	쾌	倍	갑절	배	培	북돋을	배
徑	지름길	경	經	날	경	伯	맏	백	佰	어른	백
古	예	고	右	오른	우	凡	무릇	범	几	안석	궤
困	지칠	곤	因	인할	인	復	다시	부	複	거듭	복
科	과목	과	料	헤아릴	료	北	북녘	북	兆	조	조
拘	잡을	구	枸	구기자	구	比	견줄	비	此	이	차
勸	권할	권	歡	기쁠	환	牝	암컷	빈	牡	수컷	모
技	재주	기	枝	가지	지	貧	가난	빈	貪	탐할	탐
端	끝	단	瑞	상서	서	斯	이	사	欺	속일	기
代	대신	대	伐	벨	벌	四	넉	사	匹	짝	필
羅	그물	라	罹	만날	리	象	형상	상	衆	무리	중
旅	나그네	려	族	겨레	족	書	글	서	晝	낮	주
老	늙을	로	考	생각할	고	設	세울	설	說	말씀	설
綠	초록빛	록	緣	인연	연	手	손	수	毛	털	모
論	의논할	론	輪	바퀴	륜	熟	익힐	숙	熱	더울	열
栗	밤	률	粟	조	속	順	순할	순	須	모름지기	수
摸	본뜰	모	模	법	모	戍	개	술	戌	막을	수
目	눈	목	自	스스로	자	侍	모실	시	待	기다릴	대

잘못 쓰기 쉬운 漢字 (2)

市	저자	시	布	베풀	포	情	인정	정	清	맑을	청
伸	펼	신	坤	땅	곤	爪	손톱	조	瓜	오이	과
失	잃을	실	矢	살	시	准	법	준	淮	물이름	회
押	누를	압	抽	뽑을	추	支	지탱할	지	攴	칠	복
哀	슬플	애	衷	가운데	충	且	또	차	旦	아침	단
冶	녹일	야	治	다스릴	치	借	빌릴	차	措	정돈할	조
揚	나타날	양	楊	버들	양	淺	얕을	천	殘	나머지	잔
億	억	억	憶	생각할	억	天	하늘	천	夭	재앙	요
與	더불어	여	興	일어날	흥	天	하늘	천	夫	남편	부
永	길	영	氷	얼음	빙	撤	걷을	철	撒	뿌릴	살
午	낮	오	牛	소	우	促	재촉할	촉	捉	잡을	착
于	어조사	우	干	방패	간	寸	마디	촌	才	재주	재
雨	비	우	兩	두	량	坦	넓을	탄	垣	낮은담	원
圓	둥글	원	園	동산	원	湯	끓을	탕	陽	볕	양
位	자리	위	泣	울	읍	波	물결	파	彼	저	피
恩	은혜	은	思	생각할	사	抗	항거할	항	坑	묻을	갱
作	지을	작	昨	어제	작	幸	다행	행	辛	매울	신
材	재목	재	村	마을	촌	血	피	혈	皿	접씨	명
沮	막을	저	阻	막힐	조	侯	제후	후	候	모실	후
田	밭	전	由	말미암을	유	休	쉴	휴	体	상여군	분

同 音 異 義 (1)

소리는 같지만 뜻이 다른 單語 등을 모아 漢字 공부에 便宜를 꾀하였다.

감사	感謝 監査
개화	開花 開化
검사	檢事 檢査
경기	景氣 京畿 競技
경전	耕田 慶典 經典
고대	古代 苦待
고적	古蹟 孤蹟 故敵
공무	公務 工務
교사	敎師 校舍 敎唆
교장	校長 敎場
국가	國家 國歌
국화	菊花 國花

근간	根幹 近間 近刊
기구	機構 寄具 氣球
기도	祈禱 企圖
기사	記事 騎士 技士 技師 己巳 棋士
기상	氣象 起床
노력	勞力 努力
녹음	錄音 綠陰
답사	答辭 踏査
도서	圖書 島嶼
동기	冬期 同期 動機
동의	動議 同意

무기	無期 武器
방위	方位 防衛
배우	俳優 配偶
백화	百花 白花
부동	不動 不同
사고	思考 事故 社告
사기	詐欺 士氣 死期
사법	司法 私法
사상	思想 死傷 史上
선량	選良 善良
선전	宣傳 宣戰
성지	城祉 聖旨 聖地

同 音 異 義 (2)

소생	蘇生 小生 所生	영화	映畫 榮華	장관	長官 壯觀
수도	首都 水道	우수	優秀 右手 雨水 優愁	재배	栽培 再拜
수신	受信 修身 水神 守神	우편	郵便 右便	재화	財貨 災禍
		유산	遺産 流産	전기	傳記 前期
수업	授業 修業	유지	維持 有志 油紙 油脂	전력	全力 前歷 電力
수익	受益 收益			전문	專門 電文 前文 全文
수입	收入 輸入	은사	恩師 隱士 恩赦		
순간	瞬間 旬刊	의사	醫師 意思 議事	전시	展示 戰時
시장	市場 市長	의원	議員 議院	전원	田園 全員
식물	食物 植物	의지	意志 依支	전제	專制 前提
신선	新鮮 神仙	이성	理性 異性	제정	制定 祭政
심사	深思 審査	자비	慈悲 自費	주의	主義 注意
안정	安定 安靜			차관	次官 借款
양토	養兔 壤土	자원	資源 自願	통장	通帳 統長
				하기	夏期 下記

특히 주의해야 할 획순

◆ 漢字를 쓸때에는 반드시 왼쪽에서 오른쪽 그리고 위에서 아래로 먼저 쓰며 대개 가로를 먼저쓰고, 세로를 나중에 쓴다.

九	力	乃	及	火
氷	上	左	右	女
心	必	方	房	州
田	里	馬	無	長
哀	兒	出	來	民
比	非	近	起	臣
青	門	狀	飛	書